生命教育教材
——進階篇

林聰明　總策劃
釋慧開　副總策劃
楊思偉　主編

五南圖書出版公司 印行

總策劃序

　　曾經，「來是偶然，去是必然，盡其當然，順其自然」是很多人對生命的態度，在近代，「生命」的議題討論已跳脫「生從何處來，死往何處去」所侷限之框架，人類從對於生命始終、生命長度的關注與探討，快速廣化、深化到「認識生命的本質、瞭解生命的意義、創造生命的價值，活出生命的希望」之追求，「生命教育」（Life Education）於焉成為顯學。

　　二百五十萬年前的史前時代，地球是處於多物種和平共處的「平等時代」，然「人類」經演化、進化後成為地球上最具競爭力的物種，也創造出其他物種所沒有的文化、技術、文明，但遲至十八、十九世紀以前，除非是天賦異稟的智慧者，「人是在無可選擇的情況下接受了生命，然後在無可奈何的條件度過了生命，最後在無可抗拒的掙扎下交還了生命。」消極的生命態度仍充斥在人類社會。

　　「驢子、猴子、狗捨壽給人類」寓言裡，描述一個人因緣際會接受驢子、猴子、狗所捨去的壽命，但不諳生命意義的他終其一生，除了活過二十年無憂無慮的人樣生活外，他的生命歷程中或將過著三十年像驢子一樣的打拼生活、十年像猴子般耍寶的取悅兒孫生活、十五年如狗一般的看家生活，人生歷程若此，何其乏味？資本主義、現代科技誠然為人類帶來大量的財富、豐沛的物資、更長的壽命、簡易而價廉的溝通途徑，但人類社會中，相對貧窮、難以滿足、了無生趣、人際關係疏離的種種不幸福感卻仍普遍存在，人類社會且充斥著種種的危機，或且造成人對己、人對人、人對環境的不友善，際此，釜底抽薪之計則在於如何透過教育以培養一個人的正確生命態度、人生觀，豐富與提升人類生命意義與價值的生命

教育自此成爲教育最核心的議題。

　　大師曾説「生命不僅僅限於人類，他就是每一個眾生的心。」宇宙間的山河大地、蒼松翠柏、一花一草、一沙一石也都有它的生命，在大自然裡，生命就在時間之流、空間之流，乃至情愛之流中，就看你用什麼樣的眼光去認識它；「生命教育」探討認識生命的本質、瞭解生命的意義、創造生命的價值、活出生命的希望等重要課題時，除了重視實現自我生命意義的「利己」層面外，且提升至如何與外在的芸芸眾生、自然環境等和諧的共存共榮之「利他」層面，每個人該面對的包括自己、他人、社會、地球生態等層面；從「人對己」的視角檢視生命，會看到人或有自殘、藥物濫用、對手機網路的過度沉迷等不當行爲；從「人對人」的角度視察社會，可發現近來備受關注的霸凌、虐童、棄養、恐怖攻擊、金融海嘯、反社會議題；從「人和環境」的關係看世界，早期地球的美麗樣貌與生物多樣化，已因人類的無止盡消耗而快速消逝，取而代之的是生態被破壞、大自然反撲，不僅引起各種天災，更影響人類的永續生存、發展，凡此，皆違背了生命的眞諦與本質。

　　「生命教育」的內涵，在於以人爲主體，思考從人的本身到與外在的各項關聯，進而察覺自命、利己、利人的終極意義，以建立健全的人生觀；透過「心念」的修持，起心動念以利益大眾著想，要知道自己目前的一切，都是過去行爲的反射結果，「身」應做好事、服務奉獻，「口」應說好話、慈悲愛語，「意」則須存好心，心有聖賢，平時力行「正向思考」、「正面信念」，必能克服萬難。

　　我國推動生命教育已屆三十年，103年3月教育部訂定「生命教育推動方案」，期能因應時代發展與需求，不斷反思與創新，從而能與國際化、全球化的脈動結合，以永續發展與推動、落實深耕，逐漸成爲我國之特色教育計畫；本校自102年起，以「生命力帶動

生命力」辦學理念獲得教育部獎勵大學教學卓越計畫補助，連續四年共獲得1億6千萬元獎助，全面提升學子生命力、國際移動力及就業力，更以生命教育建構「三好校園」，榮獲「生命教育特色學校」、「三好校園實踐學校」、「品德教育績優學校」等殊榮；因推動生命教育的架構完善且成果豐碩，而於104年獲准設置國家級的「教育部生命教育中心」，以協助大專校院發展推動生命教育特色，也能對目前高中職、國民中小學等各教育階段設置的生命教育中心學校，提供諮詢及資源整合。

　　本校生命教育中心針對我國各級學校推動生命教育之現況（包括課程、教材、師資等）進行資料蒐集與分析，並提出未來推動構思與建議；同時運用現代資訊科技，強化生命教育數位推廣工作；另外，生命教育中心亦協助教育部結合各種民間團體資源，與各級學校共同推動生命教育，讓生命教育成為教育的核心價值。

　　生命是教育的根本，而教育是生命的動力，建構系統化的生命教育教材是教育部成立生命教育中心的目標之一，本校責無旁貸肩負起這影響深遠的重責，「生命教育系列叢書」第一本及第二本即將付梓，希望本校對「生命教育」福田的用心耕耘，能導引人人尊重生命、愛護生命，繼而創造生命的價值、圓滿生命的意義，凶惡桀紂幻化成仁聖堯舜，讓人人成為生命的智者，為後代留下永懷的身影。

南華大學校長　　林聰明　謹識

2016年12月10日

⑤

主編序

　　人類的生命隨著地球環境惡化，各國社會變遷快速和倫理沉淪，新世代之成長環境面臨重大改變與挑戰，導致其價值觀和生活態度產生世代間重大落差，讓有識之士咸表憂心。爲改善這人類發展之重大問題，在現今學校教育中，包括國民基本教育階段及大學階段之教育，無不重視青少年之人格與生活培育，其中特別是有關生命教育之推動，已經受到更多的關切與重視。

　　臺灣社會有關生命教育領域之推動，可以追溯自1997年前省教育廳推動的中等學校生命教育計畫。其推動之原因，乃基於認爲學校教育除了可讓學生增加知識之外，更重要的是讓學生瞭解生命的價值，培養學生正確的人生觀。爲達成此目的，從多年以前，學界有識之士就開始提倡生命教育，並獲得政府機關的支持。在推動20餘年之後，生命教育已從一個單純的教育理念成爲學術界、教育界及政府部門高度肯定之重要教育政策。而1999年精省後，教育部承續原教育廳生命教育推動之業務，而教育部爲宣示對生命教育推動之重視，於2001年宣布該年爲「生命教育年」，並函頒「教育部推動生命教育中程計畫」（2001至2004年），規劃從小學至大學十六年一貫的生命教育實施，奠下我國推動生命教育之重要里程碑。進而，將生命教育活動列爲九年一貫課程「綜合活動學習領域」之指定內涵，於中小學課程中進行實踐。其後鑑於校園學生自我傷害事件頻傳，乃於2007年訂定「教育部推動校園學生憂鬱與自我傷害三級預防工作計畫」，作爲教育部2007至2009年推動生命教育之中程計畫重點工作。再自2010至2013年之生命教育中程計畫，則以「全人發展、全人關懷、全人教育」爲主軸，並強調學校、家庭與社會的關聯，加強整合延續、發展特色與創新等目標方向。其中自2010

學年度起，自高一逐年實施之新課程「普通高級中學課程綱要」，明訂高中三年選修課程中，生命教育類至少修習1學分，使生命教育正式成為高中科目之一，這也是一劃時代之步伐。至於大學階段之生命教育相關課程，也由各大學在通識教育中自主設置相關科目供學生選讀，這在在都能顯示教育相關單位重視生命教育課程之落實。

自2014至2017年間，現階段教育部正在執行「教育部生命教育推動方案」，其方案內容涵蓋學校、家庭、社會等各層面，從學前到成人之終身發展階段，更加強關懷特殊與弱勢族群。另外，並因應時代發展與各種需求，不斷反思與創新，期能與全球化的脈動相結合，以永續發展的精神不斷落實深耕，希能逐漸成為臺灣之特色教育計畫，進而讓我國推動生命教育的模式與成果，能夠與國際分享與交流，共創美好的地球村理想。

誠如該推動方案目標所揭示的，「生命教育的宗旨係希望培養學生具備健康身心、理性頭腦及美麗靈魂，期能透過課程（包含正式課程、非正式課程及潛在課程）、師資培育、建構校園文化等具體策略之推動，使學生能具備道德實踐與公民意識（社會我）、藝術涵養與美感素養（美學我）、系統思考與解決問題（知識我）、身心健全發展（體能我）以及探詢生命意義、內化價值觀、追求至善（超越我）等核心素養。」在該宗旨下，該方案期望在學生、教師、學校、社會、政府機關及研究發展等方面積極努力，達成應有之目標，而相關計畫也正在積極推動中。

本校是佛光山佛教系統設置之大學之一，秉承創辦人星雲大師之教育理念，期望將佛教慈悲為懷，濟世淑人之愛心，透過大學教育傳遞給下一世代，以讓社會能祥和樂利。由於本校在生命教育之推動理念紮實，推動成果豐碩，因此在2015年獲教育部核定，設置「全國生命教育中心」，積極執行相關政策與活動，已經獲得許多

成果。

　　本校奠基於宗教辦學之特色，不但設有宗教相關系所，也在道德教育和身心靈相關領域擁有優良師資，並開設多種相關課程提供學生選讀，陶鑄本校學生之特殊學養，成果頗豐。在這樣的基礎下，此次為了整理生命教育有關之教材，以及展現推動生命教育課程之成果，特由人文學院籌劃出書事宜，邀集各系所、通識中心相關教授及各界專家，共撰寫了23篇有關生命教育議題之教材性論文，分成兩本書出版，亦即《生命教育教材——基礎篇》，和《生命教育教材——進階篇》兩書。每篇論文字數不多，也都以簡單易懂之文字呈現，作為教材之用，是出書之原始初衷，未來規劃將繼續會有系列書籍出版，以提供為各級學校教師參考書籍，以及各大學開設相關課程教材之用。

　　本次在邀稿編書之際，特別規劃相關撰稿格式，拜託各教授依格式賜稿，承蒙大家在百忙之中，抽空撰寫，謹致誠摯之謝意。另外，本系列書籍在籌畫之際，獲得林聰明校長之大力鼓勵，慨允擔任總策劃，副校長釋慧開擔任副總策劃，其支持力量正是本系列書籍能夠出版之最大支柱；另外，本系列書籍承蒙五南圖書出版公司楊榮川董事長之支持，陳念祖副總編輯之全力協助，學院助理育齊和嘉真之辛苦協助事務處理，才能順利出版，在此一併致上最大之謝意。由於生命教育領域仍是有待細緻耕耘之園地，因此內容恐尚有未盡臻善之處，尚請各界專家給予鞭策與指教。

楊思偉

於南華大學學慧樓

2016年11月12日

目　次

1

第一章

自殺防治——青少年自殺之原由與防治芻議

釋慧開

摘要

　　環顧世界各國，層出不窮的「自殺」現象與事件，早已從個人的生死抉擇演變成為嚴重的社會問題，自殺率持續地上升，自殺者的年齡也不斷地下降，青少年的頻繁自殺事件已經成為社會的一大隱憂。本文扣緊自殺的議題，針對青少年的自殺現象，嘗試探討其原由以及防治之方，特別從佛教唯識學的生命立場以及傅朗克意義治療學的壓力調適觀點，提出一些不同以往的分析與省思，作為高國中小學教師、輔導人員與學校生命教育之參考。

壹　前言

　　綜觀歷史，無論古今中外，自殺是人類社會中從未止息過的現象。根據統計，於1990年，自殺在美國已經名列第八大死亡原因。及至1997年，在加拿大的某些地區，自殺甚至列為青少年的第二或第三大殺手。反觀在臺灣的自殺情況，也早在1983年就已經進入第十大死亡原因的排行榜。

　　整體而言，不論國界，層出不窮的「自殺」現象與事件，早已從個人的生死抉擇演變成為嚴重的社會問題。近年來的臺灣，情況不但未見好轉，而且隨著政治、經濟與社會情況的變化，自殺率持續地上升，自殺者的年齡也不斷地下降，青少年在遇到挫折與困難時，選擇以結束自我生命來回應問題的案例愈來愈多，甚至還有國中、國小的學生相約一同命赴黃泉。除此之外，青少年的問題還包括：吸毒、墮胎、飆車、械鬥等等，但是以自殺事件對家庭、學校與社會所造成的直接衝擊最大，有鑑於此，（在凍省之前的）臺灣省教育廳決定自87學年度（1998年）起，在各國中全面實施「生命教育」課程。而前教育部長曾志朗，在其就任部長（2000年）之後，也曾大力推動「生命教育」，希望青少年能透過生命省思與體驗教育，學習對自我及他人生命的關懷、尊重與珍惜。本文扣緊

自殺的議題，針對青少年的自殺現象，嘗試探討其原由以及防治之方，作為高國中小學教師、輔導人員與學校教育之參考。

貳　青少年自殺的原由

一、自殺的理論探討

　　自殺問題的複雜，主要是因為它是一種多重因素與多度面向的行為。客觀而言，近代有關自殺的研究，雖然不乏各種探討自殺的觀點及理論，譬如：佛洛伊德（Sigmund Freud）、梅寧哲（Karl Augustus Menninger）、艾立克森（Erik Homburger Erikson）、施耐德曼（Edwin S. Schneidman）等人之心理學觀點，以及涂爾幹（Émile Durkheim）的社會學觀點等等。然而，即使以這些觀點及理論來解釋單一的自殺事件，都還存有相當大的爭議，遑論以之來通盤瞭解廣泛的自殺現象。換言之，我們很難用單一的學理來通盤解讀所有的自殺事件，同時我們也很難論斷其中某一自殺理論較其他的理論為佳。

　　從另一方面來看，雖然說「仁者見仁，知者見知」，各家的觀點不一，但是也都有其獨特的見解與價值，也都可作為我們嘗試解析個別自殺事件與廣泛自殺現象的參考，因此瞭解這些自殺理論的基本內容，不論是從精神分析的角度、從人際關係的社會學角度、從生物學或生理學的角度，還是從綜合性的觀點，對於從事教學與輔導工作的教師們，還是有很大的助益。

二、重視青少年的身心轉變

　　依筆者個人過去曾在中學任教10年，透過教學、輔導與實地觀察的經驗所得，青少年的自殺案例，與一般心理學上所稱青少年的「狂飆期」或「叛逆期」不無關聯。一般而論，較為明顯的「狂飆期」或「叛逆期」大約是從國中二年級下學期開始，而延續到高

中二年級上學期告一段落。其中當然有個別差異，男、女生之間亦有不同，開始的時期或早或晚，持續的時間或長或短，不能一概而論，但是以國中三年級與高中一年級，其「狂飆」與「叛逆」的程度最爲顯著。

會造成「狂飆」與「叛逆」的表現，不但是青少年的心理狀態使然，同時也是生理的變化所引起。身心的交互影響，讓這些半大不小的孩子們，往往一方面覺得無所適從，而另一方面卻又目中無人。青少年言行會變得比較偏激，其實也有其不得已的苦衷，他們不能像飛蛾或蝴蝶的蛹一樣，躲在繭中默默地蛻變，而是不得不在衆人目睹與期盼之下，跨越成長的門檻。身心的變化也無形中改變了青少年的人生觀，他們不再墨守成規，有冒險犯難的嘗試，而勇於從不同角度看待人生，探索世界。他們開始有獨立的欲求，想要脫離父母的管束，追求成長的空間，同時勇於反抗權威，急於表達個人獨特的思想與意見，這些其實算是自然的轉變，往往都被歸類爲「狂飆」與「叛逆」的表現。這段時期，也因爲角色的尷尬，說小不小，已經不是兒童，說大又不算大，還未成年，立足點常常在兒童與成人之間游移，所以在思想上也呈現許多互相矛盾的地方。

概括地說，高中生與國中生之間，除了身心發育與蛻變的成熟度不同之外，思維的模式也有差異；兩相對照，國中生的思維還是比較傾向「跟著感覺走」的，所以也比較會受到同儕的壓力。高中生就比較能夠運用理性的思維，但是也比較會堅持（或執著）自己的看法。特別是高中三年級的學生不但不再像以往那麼樣地「狂飆」或「叛逆」，反而表現得越發懂事與明理，與成年人的差異逐漸縮小，開始認眞思考自我成長的課題與人生的方向，這是危機與轉機並存的時期。因此爲人父母與師長者在面對青少年的種種問題時，本身必須能夠接納包容，循循善誘，以理服人，庶幾能避免青少年在思想和行爲上走向極端。

三、青少年自殺原由的分析

　　青少年的自殺事件，不論是對社會、對學校、對家長等都是一大衝擊與嚴肅的問題，然而有自殺傾向或意圖的青少年，不會將「自殺」一事看成是「問題」，反而將之視爲解決所有其他問題的「結論」或「答案」。

　　導致自殺的行爲絕非單一的原因，而是源自於一連串的身心、人格、環境等因素之互動，因此自殺不單是自殺者行爲上的問題，更是其情緒、思想與知見上的問題，要減少或預防青少年自殺事件的發生，我們必須先要設身處地瞭解自殺者的可能動機與原由。從現象上來分析，青少年自殺的成因不外乎：課業問題與學習困難、升學壓力、親子關係不睦、與家人發生衝突、情緒受困、感情受挫、健康問題、憂鬱症等等，實際上，這些都只能算是外緣或觸媒而已，眞正的原因還是在於心理的困擾、痛苦與意義的失落。

　　根據人稱「自殺學（suicidology）之父」的施耐德曼（1985）的觀點與定義，所有自殺的行爲皆具有下列十項心理上的共通點：

(一) 其共通的刺激源乃是其心理或心靈上無法忍受的痛苦。

(二) 其共通的壓力源乃是其心理需求的受挫。

(三) 其共通的意圖乃是尋求解決（問題的辦法）。

(四) 其共通的目標乃是終止其意識（心念）。

(五) 其共通的情緒乃是極端的無助（無可奈何）。

(六) 其共通的內在態度乃是其矛盾的情感或思維，一方面意欲終結自我的生命，另一方面卻寄望被援救。

(七) 其共通的認知狀態乃是緊縮或壓迫性的思維，將自殺視爲唯一的選擇。

(八) 其共通的人際行爲乃是其自殺意圖的傳達，多數的自殺者會留下吶喊救助的線索或提示。

(九) 其共通的行爲乃是其逃脫（或逃避）的趨向。

(十) 其共通的行爲一致性（或一貫性）乃是終其一生所習慣的

應對模式。

此外，施耐德曼認為欲瞭解自殺者與自殺行為的最好方法，就是透過直接對話來瞭解當事人的情緒狀態，而不是透過研究人類的大腦結構，也毋須訴諸社會學的統計數字，更不必鑽研精神疾病。

儘管自殺的行為有以上所述的共通點，其實每個自殺者都懷有其獨特的原因與動機，其間的個別差異頗大。但整體來說，除了無法承受心靈上的痛苦之外，仍然脫離不了對自我生命錯誤的「認知」及「欲求」，這是共同於所有年齡層的自殺者，包括青少年在內，筆者嘗試從佛教的生命哲理觀點來做另一種不同層面的內在分析。

參 自殺的另一種解讀與詮釋 —— 佛教生命觀照的哲理分析

一般人多半認為，自殺者了無生趣，對生命極度失望，或者感到極度痛苦，對生命的未來已無任何欲求，所以選擇結束自己的生命，這種看法只是從表象層次上的理解。依佛教的觀點，眾生對於生命，基本上有三種不同層次的欲求。第一種是感官欲樂與財富權力的追求，以滿足飲食男女的需求為根本，再擴展為對財富、聲色犬馬、功名利祿與個人權力的追逐與獲得。

第二種是生命「存在與延續」的欲求，也就是希望能夠生命長存，青春永駐，而能不斷地享有財富、愛情、名位、權力等等，直到永遠。古來多少帝王，煉丹辟穀，以求羽化登仙，長生不死；多少才子佳人，海誓山盟，以求海枯石爛，地久天長。就如古人信奉黃老或煉丹之術一般，現代人則轉而求助於科技迷思的「冷凍人」或「複製人」，形式雖有異，其欲求一也。

第三種是生命「不存在」的欲求，與第二種完全相反，乍看之下，頗為令人不解。此中又可分為二個層次：其一，是「不存在但非斷滅」的欲求，這是境界比較高的層次，如《老子道德經》所言：「吾所以有大患者，為吾有身，及吾無身，吾有何患？」換言

之，世間一切的煩惱過患，皆是因為此一物質的肉體（色身）而產生的。所有現代社會的醫療保健、環境汙染、垃圾處理等等問題，莫不是為了照顧這個色身的「吃、喝、拉、撒、用」而引起的。老子有先見之明，發出「有身大患，無身何患」的感慨，此一觀點相當於佛教中「無色界」的境界，也就是超越色身而只有心識的存在，當然這樣的境界需要經由甚深禪定的修持才能到達。這「無身而無患」的境界，也不單是老子個人的玄想，在美國膾炙人口的電視科幻影集"Star Trek"（星際爭霸戰）之中，也有一種「零度空間」的世界，也就是只有精神能量而不需有物質形體存在的境界。

其二，則是「不存在而又斷滅」的欲求，這就是「自殺」的欲求。當一個人覺得：生命已經走到山窮水盡的瓶頸，活著實在是太煩惱、太痛苦了，不知如何面對？生命的負擔實在是太沉重了，已經無法負荷；人生到底有沒有意義？值不值得再繼續活下去？答案都是負面的。哎！算了吧，乾脆把自己解決掉，以求「一了百了」。

「自殺欲求」的核心思考，是以斷除生命為手段，而讓所有的問題、煩惱與困擾藉此「一筆勾消」。從佛教的觀點而言，如果生命真的可以如此地一了百了，那真是一大福音，問題就在於生命根本就不可能如此地「一了百了」，而是徹頭徹尾地「沒完沒了」，就如同白居易在《長恨歌》中所言：「天長地久有時盡，此恨綿綿無絕期。」一言以蔽之，佛教對生命的核心見解是「不生不滅」。換言之，對所有的眾生而言，無始無終、無窮無盡的生命之流，並不是（也不需要）被外力所創造出來的，這就是「不生」之義；同時也無法被任何力量所摧毀、終結或滅除，這就是「不滅」之義。

有情的生命是由無盡的心識之流所展現，歷經不同的時空而有不同的色身構造與心識狀態，其層次可以不斷地提升，希聖希賢，成佛作祖；也可能一時不幸墮落，披毛帶角，或者隨波逐流，輾轉六道。眾生生命所依的色身（肉體），因為有其相應的使用年限，所以是會逐漸衰老損壞，而在生死輪轉中不斷自然轉換更新，然而

其生命內在的心識之流是不可能被摧毀滅除的，所以自殺者希望能「一了百了」的目的是根本無法達到的。就如《唯識三十頌》所云：

> 由假説我法，有種種相轉，彼依識所變；此能變唯三：謂異熟思量，及了別境識。初阿賴耶識，異熟一切種，不可知執受，處了常與觸，作意受想思，相應唯捨受，是無覆無記，觸等亦如是，恆轉如瀑流，阿羅漢位捨。

如上所述，從佛教唯識學的觀點來看，一切有情生命的主體，亦即阿賴耶識（第八意識），連同末那識（第七意識），其活動狀態為「恆轉如瀑流」一般，直到有情個體證悟到阿羅漢的果位，才能夠因為「轉識成智」而將如瀑流般的意識（亦即「妄念」）轉化為般若智而畫下休止符。換言之，在有情個體證悟到阿羅漢果位之前，即使在其肉體死亡的剎那，他的意識之流仍然像瀑流一般地波濤洶湧，不斷地流轉。

因此，如果我們將「死亡」定義為「個體生命的斷滅與消失」，那麼，從唯識學的立場來看，有情的「生命」根本就不曾死亡，而是不斷地流轉，生死交替循環，無有終始。是故，生命的「斷滅」——亦即絕對意義的死亡——不能成立；反之，「死有」——亦即相對意義的死亡，則成為「分段生死」的轉捩點。換言之，肉體的「死亡」只是一切眾生的無限靈性生命，在跨越生死之際，所經歷的一種時空轉換狀態：從當世的角度觀之，是一期生命的終結。從來世的角度觀之，則是過渡到下一期生命的開始。

肆 有關自殺的真實故事及其意涵解讀

或問：自殺算不算殺生？就佛教的觀點而言，「殺生」包含了二個層次，一者，是在行為上殺害眾生的身命，亦即以實際行動終

結了他人或自己肉體的生命；二者，是在知見及意念上生起斷滅之見，亦即主觀上認爲可以完全終結或徹底摧毀他人或自己的性命。佛教不但反對行爲上的殺生，同時也反對知見及意念上的殺生。自殺者殺生的對象雖然是己身而非他人，但以上兩者都已具足，所以是不折不扣的殺生。行文至此，筆者講述二則自己親耳所聞，有關自殺的眞實故事，以資省思。

故事一：將近四十年前，筆者在普門中學任教時，有一位師大畢業的果如法師也在普中教授國文，他告訴我一段他個人目睹「吊死鬼」的親身經驗。果如法師幼年出家，當他還是小沙彌的時候，有一天晚上，他與另外一位沙彌在寺廟裡讀書寫作業，偶然抬頭望了一下窗外，咦！奇怪，怎麼屋外不遠的地方，有棵樹上彷彿吊了個人。另外那位沙彌也同時看到，但是嚇壞了，果如法師倒是膽大好奇，想一窺究竟，於是跑到樹下瞧個仔細。嘿！眞的有個人掛在樹上，明確地說，不是「一個」人，而是「半個」人吊在樹上，但奇怪的是，只見其上半身，而不見其下半身。膽子大的果如法師在樹下端詳了好一會兒，將那「半個人」的身形及衣著，看得清清楚楚。第二天，他把前晚看到的情景講給旁人聽，事情就此傳開了。之後不久，就有附近的居民出面指證歷歷，在去年的這個日子與時辰，的確有個人在那棵樹上「懸樑自盡」，其身形與穿著正如果如法師所描述者。

故事二：畢業於佛光山叢林學院的一位馬來西亞僑生，她有位兄長在馬來西亞與民間的神道教因緣頗深，先天就具有民間所稱的「陰陽眼」[1]與通靈的能力。有一次，一位富商相中一塊土地，特地請他去看看吉凶。勘查之後，他說該地環境頗佳，唯一美中不足之處，就在於有棵樹上吊了

個老婆婆，而且已經掛在那兒四百年有餘。不過不要緊，他可以爲那位一時想不開的老人家作法超度，請她離去，投胎轉世或另尋出路。經過一番作法的儀式之後，老婆婆是下來了，可是沒過幾天又吊上去了，如此三番兩次，她就是不肯離開。最後，他只好直接問老婆婆爲什麼如此地想不開，她滿懷怨氣地回答道：「我嚥不下這口氣，就是要死給我的媳婦看！」原來是婆媳之間的家庭糾紛與恩怨，哎！可憐啊！她的媳婦都不知道已經輪迴轉生到何處去了，她卻仍然掛在那棵樹上賭那口莫名的怨氣，還不知道要賭氣到何年何月，這不是死得很冤枉嗎？

上述這二則故事，筆者並不把它們當成靈異事件來看待，而是作爲生命流轉的現象來觀察和分析。類似如上情節的事例，在歷代不少筆記小說中都可以找得到，例如：蒲松齡的《聊齋誌異》、袁枚的《子不語》、紀曉嵐的《閱微草堂筆記》等等。民間有一種說法，也是大家都很熟悉的，就是自殺者不得投胎轉世超生，上述的二個故事，可以作爲旁證。然而，爲什麼自殺者無法投胎轉世超生？其原因究竟何在？多年來筆者一直百思不得其解，不斷想從書中找到比較合理的解釋，但都是只述其然而未究其所以然。後來是從佛教唯識學以及電腦科技中的相關概念裡，獲得思維的靈感，可以用來詮釋（筆者稱之爲）「自殺者的生命當機現象」。譬如當電腦正在執行程式的時候，如果突然電源中斷，電腦會因此而當機，甚至於無法再啓動，一旦當機的情況嚴重，可能連電腦高手一時也救不回來。同理，眾生一期的生命，從生到死，各自有其自然的運轉流程，萬一在中途以自殺的手段強行中止其運作，則會引發進退維谷的「當機」現象，陷在自殺的情境與心象中，不得解脫。[2]

自殺者不但因爲有「生命當機」的現象，生命之輪暫時停格，無法轉世超生，有的甚至會在自殺週年紀念日現身一次，有如一些電腦病毒會週期性地發作，故事一之中吊死在樹上的「半個

人」——果如法師所看到的景象，可作為這一類的佐證。另一類的自殺者，因為怨氣太深，牛角尖也鑽得太深，以至於外在世界的時空遷變對他們而言，都已失去任何意義，故事二之中掛在樹上的老婆婆是一個很有代表性的例子，這也是一種另類的「活（死）在當下」。要等到有一天，那位鑽牛角尖的老婆婆突然領悟，自己掛在那棵樹上一點意義都沒有，她就有可能會選擇離開那兒，展開另一段新的生命。

由此觀之，自殺者最大的困境，恐怕不在生前所遭遇或經歷到的種種痛苦，而是在肉體生命結束後，進退維谷的心靈生命當機現象。而此一生命當機的核心問題，即是對生命的錯誤知見與執著。

伍　青少年自殺之防治

針對自殺或生命自殘的最佳預防與對治之方及未雨綢繆之道，就是「生命自覺」的教育。一般的教育只重視智力的提升與體力的鍛鍊，而忽略心力與意志力的強化，青少年自殺的根本防治之道，在於其心理建設與心志鍛鍊。當然對於有潛在自殺傾向或意圖之青少年的積極關懷與輔導，也是當務之急。

一、心理建設——面對壓力，建立積極進取的人生觀

現今的青少年在其未來的生涯發展與生命旅程中，遲早必須面臨生命的轉折，環境的考驗，與人事的磨練，是故應及早協助他們建立積極進取的人生觀，以期能面對壓力的考驗。現代社會的生活情境，有時遠比自然界的叢林複雜而可畏，所以在現代都會生活中，有所謂「都市叢林」的比喻。其實自然叢林的生活還有自然法則可循，所以人猿泰山可以自由自在地悠遊其間，反而「都市叢林」的人為法則卻是遠比自然界更為「無常」而不可預測；因此，從某個角度來看，都市叢林也遠比自然叢林更為陷阱重重且險象環

生，所以我們也必須學習人猿泰山的精神，要能勇於面對人生的起伏與壓力，乃至迎接種種困頓與挫折的挑戰。

從負面的角度來看，壓力對青少年可能是一種打擊，然而從正面的角度觀之，壓力其實也是人生最好的磨練與激勵。因此，我們應該換個角度來面對壓力，而且應該瞭解到以下幾點關於壓力的正面意義：

(一) 吾人的生命與自我成長的本身就是一種壓力。

(二) 沒有壓力的人生是容易令人懈怠而不易進步的。

(三) 在壓力的情境中，個人才能激發其內在潛能。

(四) 在壓力的考驗下，個人才能逐漸強化其心力。

(五) 在壓力的磨練下，個人才能實際轉化負面情緒爲正面力量。

現實生活的壓力當然會造成青少年身心上某種程度的緊張，而我們常誤以爲生活中的壓力與身心上的緊張都是負面的、不好的，所以現行臺灣教育當局所推動的「教改」方向，就是要減輕中小學各級學校學生的壓力，不讓他們有太多的課業負擔，以免造成他們的緊張，這樣他們的身心才能均衡發展，其實這是相當錯誤的思維。

意義治療學的開創者，傅朗克（Viktor E. Frankl）（1984）根據他在納粹集中營裡的生死經驗，在他的《活出意義來》（*Man's Search for Meaning*）一書中，提出了「心靈動力學」（Noö-dynamics）這個概念。與一般人的直覺與認知相反，他觀察到吾人心理的健康，其實是奠基於某種程度的緊張——也就是我們「已經達成」與「尚待完成」二者間的緊張狀態，或者是吾人「是什麼」與「該成爲什麼」之間的緊張。這種緊張是吾人生命中的固有屬性，也是心理健康所不可或缺的條件。他還認爲如果我們以爲吾人最主要的需求是「平衡」（生物學上稱爲homeostasis），一種沒有緊張的狀態，那可是心理衛生上一種危險的錯誤觀念。吾人最需要的並非是「不緊張」，而是爲了某一值得努力的生命目標而奮鬥。我

們最需要的不是不惜任何代價地去除緊張，而是喚醒那等待我們去實現的潛在意義。人所需要的不是生物學上的平衡，而是傅朗克所稱的「心靈動力學」──心靈動力在緊張的兩極之中發揮功能，其中的一極代表需要吾人去實現的「意義」，另一極則代表必須實現此一意義的主體──「人」。

二、心志鍛鍊──挫折是人生最好的鍛鍊

　　在吾人的實際生活經驗之中，與壓力相伴而來的就是挫折。放眼環視古今中外，從來就不曾有哪個人的一生是從頭到尾都一帆風順而毫無挫折的。然而弔詭的是，古來許多聖賢與祖師大德，都是在艱難困頓、顛沛流離等挫折的磨練與考驗之下，成就其出類拔萃的道業；反觀世俗上一般人，卻常常在功成名就之後，躊躇滿志，腐化墮落，甚至於晚節不保，身敗名裂。有句拉丁諺語說：「不幸的人切莫灰心，幸福的人可要小心。」由此可見，個人生命中的挫折遭遇，與其在世俗上的成就或者出世的道業及悟境之間，並沒有絕對的因果關係；換言之，個人的窮通禍福與其能否安身立命，二者之間，也沒有絕對的必然關係。關於這一點，孟子有極為精闢的闡述，他說道：「故天將降大任於是人也，必先苦其心志，勞其筋骨，餓其體膚，空乏其身，行拂亂其所為；所以動心忍性，增益其所不能。」（《孟子》〈告子〉下篇）因此，世間再大的逆境、挫折或困境都不足以構成自殺的理由。徵之以下所舉諸實例：《汪洋中之一條船》的鄭豐喜、全身癱瘓的作家杏林子、日本《五體不滿足》的乙武洋匡、澳洲五體不全戰士尼克（Nick Vujicic）、澳洲的無腿超人約翰‧庫提斯（John Coutis）、在納粹集中營遭到非人待遇的傅朗克、英國患有肌萎縮性脊髓側索硬化症（ALS）的輪椅天文物理學家史芬蒂‧霍金（Stephen W. Hawking）等人，不但都突破生命的重大挫折與苦難，還開展出燦爛的生命光輝。

　　從負向的直覺角度來看，挫折無疑是一種人生的障礙，然而從正向的省思角度觀之，挫折反而可以視為心靈成長的階梯，如老子

所言：「反者，道之動」，也可說是一種「逆增上緣」；換言之，山窮水盡疑無路，柳暗花明又一村，原本是個障礙，結果反而成為助道的因緣。

傅朗克認為「尋求意義」是吾人生命中的原始力量，而生命存在的意義，並非是由我們憑空所創造出來的，而是在現實的生活中去探尋發掘出來的。然而一個人求意義的意志往往遭受到挫折，因此他又提出「存在的挫折」此一概念。他說我們有三種途徑去發現生命的意義：(1)藉著創造與工作；(2)藉著體驗價值；(3)藉著受苦。承上所述，吾人在生命中所遭遇到的的苦難與挫折，幾乎是人生不可避免的歷程，因此我們應當教導青少年換個角度與心態來面對，並且思維苦難與挫折所可能含有的正面的意義：

(一) 挫折能教導我們學習反省，記取教訓。

(二) 挫折能鍛鍊我們增強毅力，磨練心志。

(三) 挫折能激勵我們奮發向上，再接再厲。

(四) 挫折能啓發我們增進智慧，激發創意。

三、關懷與輔導──與有自殺傾向或意圖者的互動

潛在的自殺行為或意圖通常會顯露出一些徵兆，可能是在行為上的、情緒上的、言辭上的，或者是以上三者的綜合。如果我們能留意青少年的言行舉止，則可從中察覺端倪，而能預防悲劇的發生。當我們面對一個潛在有自殺傾向或意圖的青少年，根據美國明尼蘇達大學教育心理學系的Ralph L. V. Rickgarn（1997）輔導大專學生自殺案例多年的經驗，提出以下幾點建議：

(一) 傾聽當事人（亦即潛在的自殺者）的陳述及其情緒的脈絡，以求完全理解其內容與訊息。

(二) 儘量保持鎮定、平靜及維持正面的態度，不要因當事人的言辭而顯得驚訝。

(三) 直接詢問當事人所可能採取任何行動計畫的細節。

(四) 避免加入你個人的理由或意見，因為可能與當事人的看法完全相左。

(五) 提議陪同當事人到醫院，而且要一直等到專業人員到場協助。

(六) 切勿與當事人達成守密的協定。

(七) 切勿對當事人發出有挑釁意味的言辭。

(八) 切勿對當事人的處境作評判或論斷，將評估與分析留給專業人員。

(九) 切勿與當事人進行不當的協議或操控行為。

(十) 切勿承諾任何你無法兌現的保證。

(十一) 切勿讓有強烈自殺傾向或意圖的當事人落單。

(十二) 切勿與當事人陷入道德或是其他的自殺議題的哲理論辯，扣緊當前的問題，論辯留待他日再說。

陸　結語

就諮商與輔導實務工作而言，自殺防治是相當耗時、費力與勞心的工作，並且很難立即見到成效。然而，其中也充滿了化危機為轉機的挑戰與希望。隨著輔導者對於有自殺行為或意圖傾向者的互動，以及對於他們的自殺意念、動機、語言、行為等等資訊的掌握，開發如何防治自殺的相關知識與理論，以及建構自殺防治的靈性關懷模式，自殺事件的危機面向可望縮減，而成功防治的機會可望增加。

註　文

1 根據筆者所見聞的經驗，先天即具有所謂「陰陽眼」的人，比大眾想像中還要來得多。筆者對先天具有「陰陽眼」者的解釋，是借用物理學與電子通訊科技的概念來說

明。從佛教的宇宙觀而論，這是一個多重次元的宇宙，六道本是同時共存的異次元世界，他們（具陰陽眼者）的六根與六識（眼、耳、鼻、舌、身、意）恰好具有「雙頻」的接收功能，因此他們可以接受到另一個（異次元的）世界（或空間）的訊息與波動，或者說可以看到世界（或空間）的另一個向度或次元；而一般大眾的六根與六識僅有「單頻」的功能，所以只能見聞到這一個世界，而無法察覺到「另一個」世界的存在。依筆者的理解與分析，多數先天具有「陰陽眼」者的最大困擾與苦惱，即是在於他們雖然可以「看到」一般人所看不到的世界，卻不一定能夠「消化」或「解讀」他們所看到的景象。

2　這僅是筆者個人的詮釋，僅求其解釋上的合理，並不表示這即是生命流轉的實相。

參考文獻

Bruce Connell (1997). Suicide Theories. In John D. Morgan (Eds.), *Readings in Thanatology*. Amityville, New York: Baywood Publishing.

E. S. Shneidman (1985). *Definition of Suicide*, New York: Wiley.

Ralph L. V. Rickgarn (1997). Suicide Intervention. In John D. Morgan (Eds.), *Readings in Thanatology*. Amityville, New York: Baywood Publishing.

弗蘭克著／趙可式、沈錦惠合譯（1995）。活出意義來。臺北：光啓。[Viktor E. Frankl (1984). *Man' Search for Meaning*. New York: Simon & Schuster.]

問題與反思

一、現代的父母與師長必須認真思考：生活在現代社會的青少年，有哪些
　　不同以往的社會與心理壓力？

二、如果青少年所面臨的壓力是不可免的，如何幫助他們作正向的心理建
　　設及培養抗壓力？

三、自殺其實無法解決問題，反而為家人及社會帶來更大的問題。如何幫
　　助青少年深入思考及理解：「自殺能否解決問題？」

四、佛教唯識學的生命立場與傅朗克意義治療學的壓力觀點，可以帶給我
　　們哪些對於生命與壓力的省思及啟發？

五、如何與有自殺傾向或意圖的青少年互動？有何準則或注意事項？

延伸閱讀

弗蘭克著，趙可式、沈錦惠合譯（1995）。活出意義來。臺北：光啓。

彭明輝著（2012）。生命是長期而持續地累積：彭明輝談困境與抉擇。臺北：聯經。

趙翠慧著，張大諾、亓昕撰文（2012）。周轉愛的人：兩次瀕死帶給我的生命領悟。臺北：圓神。

釋慧開著（2012）。生命是一種連續函數。臺北：香海文化。

第二章

意義治療——自殺防治相關的靈性關懷模式初探

釋慧開

摘要

本文嘗試借用傅朗克（Viktor Frankl）的「意義治療學」（Logotherapy）、保羅‧田立克（Paul Tillich）所標舉出的「終極關懷」以及傅偉勳教授所提出的「生命的十大層面與價值取向」模型，而提出自殺防治的靈性關懷模式之建構雛形，希望能提供給各級學校中與自殺防治相關的輔導教師與實務工作者，作爲理論與實務參考而有所助益。

壹 前言——自殺防治相關的靈性關懷模式之建構探索

當我們面對有自殘或自殺傾向、動機乃至有實際行爲者，欲進行有效的輔導，必然涉及自殘或自殺當事人的生命意義認知、觀照與自覺的層次，因而自殺防治的輔導教師與實務工作者須從「生命意義的認知、觀照與自覺」等層面切入，才能進一步觸及被輔導者的心理與靈性需求，也才有可能增加輔導的效能。

筆者嘗試結合宗教靈性關懷的生死哲理與生命觀照、維也納精神治療第三學派傅朗克（1984）的「意義治療學」、基督教神學家保羅‧田立克（1957）所標舉出的「終極關懷」以及傅偉勳教授（1993）所提出的「生命的十大層面與價值取向」模型，而提出自殺防治的靈性關懷模式之建構雛形，希望能對各級學校中自殺防治的輔導教師與實務工作者有所助益。

貳 傅朗克意義治療學的理論啓示

維也納大學的精神醫學暨神經學教授維克托‧傅朗克（Viktor E. Frankl），是維也納精神治療第三學派主將。1905年他出生於維也納，係猶太裔，曾獲維也納大學醫學與哲學雙博士學位。

傅朗克有一段時期曾經學過佛洛伊德的心理分析與阿德勒的個

體心理學，但是他認為心理分析與個體心理學都太過狹隘武斷，因此不久即走出自己的精神治療道路，並且受到實存主義與實存分析（existential analysis）理論的影響，而開創出自己的意義治療學（logotherapy）。

一、意義治療學釋義

Logos是希臘文，表示意義（meaning）。意義治療學之焦點放在「人存在的意義」以及「人對此存在意義的追尋」上。按意義治療學的基礎而言，這種追尋生命意義的企圖是一個人最基本的動力。因此傳朗克所提出的「求意義的意志」（the will to meaning），與佛洛伊德心理分析學派所強調的「快樂原則」（pleasure principle），以及阿德勒個體心理學派所強調的「求權力的意志」（the will to power），三者之間大不相同。

以美國為例，一般流行的精神治療（或者不如說是心理治療），幾乎千篇一律地只顧及到如何治療日常世俗生活中，由於失業、孤獨、性冷感、家庭失和、人際關係的失調等所引發的心理病症，而對於死亡問題、宗教解脫或靈性救贖等精神高層次的課題則敬而遠之，規避不談。美國大多數心理治療專家都認為，此類高度精神性甚至宗教性課題，與他們的實際專業職責沒有直接關聯，應予分開，專由神父或牧師來處理才對。

只有傳朗克的意義治療學算是個例外，不但以積極的態度，旁助心理病症患者或絕症患者建立健全的生死觀，而且認為這是精神治療最為緊要的一項職責。傳朗克自己常說，意義治療是一種「醫療上的牧靈工作」（medical ministry），一方面要進行科學的現象學觀察與分析，另一方面又要打開銜接高度精神價值領域，例如：人生的課題任務、自由與責任、生死的終極意義、宗教救贖或解脫等等的向上門。

意義治療學雖然不屬於美國精神醫學與心理治療的主流，但是

像Elisabeth Kübler-Ross等，那些十分關注死亡學與精神醫學結合課題的醫師專家們，卻很重視它的理論啓示。尤其是與基督教教會工作有關的心理治療專家、社工師乃至牧師、神父們，都很願意接受或應用此一療法，配合他們各別已有的宗教信仰。Kübler-Ross曾說過，傅朗克在集中營的慘苦經歷，其實等於「死過好多次」，因此他能夠那樣深刻地體會到，人在高度精神層面能有「超越死亡的挑戰，而探索生命終極意義」的意志或願望。

傅朗克曾說：意義治療不能踰越（科學範圍內的）精神治療的界線，卻要保留一條通往宗教之路，而由患者自行決定，是否應該走進宗教追尋與實踐的領域。傅朗克似乎有意讓他的意義治療學，充當銜接科學（精神醫學）與宗教的一座橋梁。他的信念是：人生的根本意義既非如佛洛伊德所云的快樂，亦非如阿德勒所云的權力，而是在於超越自己，找到一個比自己目前更高的生活目標；權力只是達到目標的方法，而快樂也只是超越自己時所發生的副產品。因此，把快樂本身當成目標，反而得不到快樂。只有追求一個超越自己的目標，吾人才會眞正得到快樂與滿足。

二、意義治療學的基本理論

傅朗克的意義治療學假定了他對生命存在與人性的基本觀點，他認爲人類生命的存在有三大層面，即是：(1)身體層面；(2)心理層面；(3)精神性或意義探索層面。由於他的猶太—基督宗教背景（不過他並不算是虔誠的宗教徒，因爲他不太願意接受機構化或制度化的宗教），有時他在意義探索層面之上再加上第四層面，稱之爲「神學」（theological）層面。傅朗克加上第四層面的用意，是爲了分辨「世俗世間的生活意義及其探索」與「與生死有關的終極意義及其探索」之故，即是將後者放在神學層面，前者則置於精神性層面，亦即宗教性的神學層面是高於精神性的層面。

意義治療學的基本理論可以概括爲三個層次，每個層次又再分爲三個側面。意義治療學第一層的三個側面是：

（一）意志的自由（freedom of the will）

（二）意義探索的意志（the will to meaning）

（三）人生的意義（meaning of life）

意義治療學原本是（生命存在低層次的）心理分析與（高層次的）實存分析之理論的結合，在某種程度上也接受心理分析的決定論，承認過去種種包括遺傳的身心條件對於個人的現在心理具有相當的決定力量。同時，社會環境等外在條件對於我們的身心狀態，也常構成不可輕忽的影響因素。但是在人性的高層次，傅朗克肯定人有超越突破心理層面之實存意義的精神自由，能夠在人生的緊要關頭（如生死交關的極限境況、道德行為的抉擇等等）顯現出來；隨著自由意志的顯現，同時就有人的責任，自由與責任乃是一體兩面，不能分開。

意義治療學第二層指涉傅朗克所說「人生意義」的具體意涵義蘊，也分為三個側面是：

（一）創造意義的價值（creative value）

（二）體驗意義的價值（experiential value）

（三）態度意義的價值（attitudinal value）

創造性價值是每個個體生命所能給予他人與世界的，諸般大小不等的真善美價值，諸如：藝術創造、工業發明、器具生產乃至各種勞心勞力的日常工作等。

就每一個人的生命意義而言，「體驗價值」常比「創造性價值」更有深度。譬如一位為國抗戰而犧牲右手的鋼琴家，不再能夠創造美妙的樂曲琴音以饗聽眾，似乎從此就永遠喪失了創造性的價值，但是他仍然能夠體驗各種真、善、美等價值的意義，包括：音樂賞析、解說、經驗分享等等。人生對他而言，仍然充滿無限豐富意義。一切端看個人如何重新發現體驗意義的生命價值。

此外，創造性價值不能或缺體驗價值，體驗價值可以更加彰顯創造性價值。以一例說明：相傳在2000多年前的春秋戰國時期，楚國音樂大師俞伯牙路經漢陽，夜泊江岸。當晚雨過天青，景色清

新，伯牙撫琴抒懷，調寄高山流水，引來樵夫鍾子期。子期曾經作過樂尹，善知音律，聽罷情不自禁地讚道：「峨峨兮若泰山，洋洋兮江河。」伯牙巧遇知音，非常高興。二人相談甚歡，並相約來年來此相會。

到了第二年，子期不幸病逝。伯牙痛失知音，悲痛欲絕，來到子期墓前，爲故友重彈一曲〈高山流水〉之後，將琴摔碎，成爲絕響。此後，人們便以「高山流水」來形容深厚的友誼，把「知音」喻作知心的朋友。俞伯牙與鍾子期的故事，顯示知音對於創作者的重大意義。伯牙鼓琴的創造性價值不能或缺子期知音的體驗價值，子期知音的體驗價值可以更加彰顯伯牙鼓琴的創造性價值。

傅朗克在《活出意義來》一書中特別提到，即使在地獄般的集中營慘苦生活之中，根本毫無創造性價值可言，還是可以發現體驗價值。譬如平常日子並未強烈意識到自然界之美，但是在集中營那種惡劣環境下，反而有機會發現草木山川的奇美之處，深化自己的生命體驗。在沒有任何創造性價值可言的地方，我們仍能保有體驗價值，據此仍然能肯定我們的人生，不會想到自殺。

意義治療學最獨特的一點是，肯定每一個體的實存態度爲一種精神價值，有其人生的深刻意義。傅朗克認爲，從高層次精神性或宗教性的觀點來看，態度價值還要高於體驗價值。徵諸史傳，一個人的態度價值甚至可以令整個帝國政權爲之恐懼顫慄，例如：文天祥臨死不屈，作〈正氣歌〉從容就義，留取丹心照汗青，驚天地泣鬼神。又如印度聖雄甘地，提倡不合作主義，對抗大英帝國，領導印度人民獨立革命。

傅朗克在《醫師與靈魂》一書中說過：實存分析教導人們，把人生看成一種課題任務（Life is a task.）。他又說，人生的課題任務在宗教上就是一種使命（a mission）。眞正將人生視爲一種任務或使命的最高而最可貴的價值，即不外是每一個人的實存態度本身。每一個人對於生死問題所取的實存本然態度，乃是決定作爲萬物之靈的吾人何適何從，在極限境況如何抉擇以面對生死的根本關

鍵。

意義治療學的第三層也分爲三個側面，也就是上一層態度價值的具體挖深：

(一) 受苦或苦難（suffering）

(二) 責疚（感）（guilt）

(三) 死亡或無常（death or transitoriness of life）

這三個側面構成吾人生命存在之極限境況的主要內涵。受苦（苦難）是指人間世種種難於捱忍的極端痛苦，包括身心兩面。佛教四聖諦的第一苦諦「一切皆苦」，最能深切地表達受苦（苦難）的意義。

責疚（感）則是意指，人生當中無法挽救的嚴重失敗，或生命存在本身的侷限性所導致的罪責或內疚感。傅朗克自己所舉的例子是，在集中營裡的猶太獄囚看到其他的囚伴一一死在瓦斯窯，自己卻僥倖活著的內疚，雖然他自己不必負什麼道德責任，內心難免帶有一種責疚感。至於死亡或無常，更是包括人類在內的一切存在事務所避免不了之最可怕的經驗事實。

參　意義治療學的應用

傅朗克倡導一種悲劇性的樂天觀（a tragic optimism），即是積極面對人生悲劇的樂天觀，以此態度發揮自我的生命潛能。當我們面對苦難時，將之轉化爲生命的成就或任務完成。面對他人的不幸遭遇，借助於責疚感的機會，轉變自己，創造更有意義的人生。面對生死無常的現象與事件時，體認到生命的有限性條件，當作再生的契機，而抉擇有自我責任的行動。

一、苦難的意義

當一個人遭遇到一種無可避免又無法逃脫的情境時，或者當他

必須面對一個無法改變的命運時──比如說罹患了不治的絕症，或是去摯愛的親人等等──他就等於得到一個最後的機會，去實現人生最高的價值與最深的意義，亦即苦難的意義。當其時，最重要的問題是：他對苦難採取了何種態度？他會用怎樣的態度來承擔他所遭受的痛苦？

有次，一位年老退休的全科醫師去看傅朗克，他患了嚴重的憂鬱症（depression）。兩年前，他最摯愛的妻子過世，此後他就一直無法克服喪妻之痛。傅朗克避免直接告訴他任何道理，反而問他：「請問醫師如果您先離世，而尊夫人繼續活著，那會是怎樣的情境呢？」醫師說：「喔！對她來說那是很可怕的！她會遭受到多大的痛苦啊！」於是傅朗克回答他說：「您看，現在她免除了那樣的痛苦，而這是因為您才使她免除的。現在您必須付出代價，以繼續活下去及哀悼她，來償付您心愛的人免除痛苦的代價。」這位老醫師不發一語卻緊緊握住傅朗克的手，然後平靜地離開診所。痛苦在發現意義的時候，就不成為痛苦了，例如具有意義的犧牲便是。

嚴格說來，這根本就不算是一種治療。因為一者，老醫師的沮喪並非疾病；二者，傅朗克不能改變他的命運，不能使他的妻子復活。但是在那瞬間，傅朗克成功地轉變了他面對自己不可改變之命運的態度；或者在那一刻，至少他瞭解了他所遭受到的痛苦的意義。意義治療學的基本信條之一即是：人類生命中最主要的關心並不在於獲得快樂或避免痛苦，而是要瞭解生命中的意義。這就是為什麼人在某些情況下，寧願受苦，只要他確定自己的苦難具有意義。如果醫師既不能治癒某種疾病，也無法減輕病人的痛苦，就應該激發他的潛能去實現痛苦的意義。傳統的心理治療，其目的在於恢復病人的能力，使他能再工作及享受生命。意義治療學也包括這些，但是更進一步還要使病人再獲得受苦的能力，因此需要去發掘痛苦中的意義。

二、「存在的挫折」與「心靈性精神官能症」

一個人求意義的意志可能會遭受到挫折，此即意義治療學所說的「存在的挫折」。存在的挫折也可能導致精神官能症，但意義治療學為此類型的精神官能症創造一新名詞，稱之為「心靈性精神官能症」以區別於一般常用的「心理性精神官能症」。心靈性精神官能症並非起源於心理因素，而是源自人類存在的心靈層次。心靈性精神官能症並非由於佛洛伊德的心理分系所主張的「驅策力」與「本能」之間的衝突所引起，而是由於不同的價值衝突所引起。

換言之，這是來自道德的衝突，更通俗的說法，是由於靈性的問題。在此問題當中，「存在的挫折」常扮演一個重要的角色。因此，對於心靈性精神官能症患者，適當而正確的治療，顯然不是心理治療，而是意義治療，運用此一治療者膽敢進入人類生命中的靈性層次裡去。事實上希臘文logos不只是表示「意義」而已，也有「靈性」的意涵。人類靈性的層面，諸如：「渴望存在的意義」以及這種「渴望的受挫」，都必須用含有靈性意味的意義治療法來施予治療。治療師必須熱誠且認真地面對存在意義的問題，而不是去追溯潛意識的根源而處理本能的問題。

三、如何面對壓力

現實生活中的壓力，當然會造成我們在身心上某種程度的緊張，而我們往往誤以為生活中的壓力與身心上的緊張都是負面的、不好的。所以近年來臺灣教育當局所推動的「教改」方向，就是要減輕中小學各級學校學生的身心壓力，不讓他們有太多的課業負擔，以免造成他們的緊張，這樣他們的身心才能均衡發展。其實，這是非常錯誤的觀念與思維。

傅朗克提出了「心靈動力學」這個概念，與一般人的直覺與認知正好相反，他觀察到吾人心理的健康，其實是奠基於某種程度的緊張與壓力——也就是我們「已經達成」與「尚待完成」二者間的

緊張狀態，或者是吾人「是什麼」與「該成為什麼」之間的緊張。這種緊張是吾人生命中的固有屬性，也是心理健康所不可或缺的條件。傅朗克還認為如果我們以為吾人最主要的需求是「平衡」，一種沒有緊張的狀態，那可是心理衛生上一種危險的錯誤觀念。

我們最需要的並非是「不緊張」，而是為了某一個值得我們去努力的生命目標而奮鬥。我們所需要的不是不惜任何代價地去除緊張，而是喚醒那等待我們去實現的潛在意義。人所需要的不是生物學上的平衡，而是傅朗克所稱的「心靈動力學」──心靈動力在緊張的兩極之中發揮功能，其中的一極代表需要個人去實現的生命「意義」，另一極則代表必須實現此一意義的主體──每一個「人」。

肆　意義建構與宗教靈性探索──傅偉勳教授的「生命的十大層面與價值取向」模型

人類的生命開展、意義建構與宗教探索是吾人的實存主體，在面對宇宙人生及生死大事時，不斷地朝向高層次的意義探索與價值取向，一直上達到探求究竟真實與追尋徹底解脫的終極關懷，在此借用傅偉勳教授（1993）所提出的「生命的十大層面與價值取向」模型來作說明。

依照傅教授個人所瞭解，作為萬物之靈的人類，其生命存在之諸般意義，就其高低層次與價值取向，從下往上列出十大層面：

一、身體活動層面─個體（點）─生理學
二、心理活動層面─個體（點）─心理學
三、政治社會層面─群體（面）─社會學、政治學、經濟學
四、歷史文化層面─時空（體）─歷史學、文化人類學
五、知性探索層面─求真─哲學
六、審美經驗層面─求美─美學

　　七、人倫道德層面－求善－倫理學

　　八、實存主體層面－自在－自覺┐　宗教

　　九、終極關懷層面－慈悲－覺他├　探索與

　　十、終極眞實層面－圓滿－覺滿┘　實踐

　　在這十大層面之中，有關生死大事的問題及其超（越）克（服），是在第八、九、十這三個層面。每一個實存主體對於生死問題的探索超克，乃是有關宗教性或高度精神性的終極關懷課題，而此一課題的解決，則有待於終極眞實的發現、領悟與體認。這三個層面與宗教的靈性探索息息相關，從宗教靈性的獨特人文觀點來探索生死問題及其超克，是最爲貼切的。

　　吾人每一個實存主體，當自身處於世俗世間時的意義探求與價值取向，不得不關注個人身心、政治社會、歷史文化、知性探索（眞）、審美經驗（美）、人倫道德（善）等層面的種種問題。然而，即使這些世俗問題能獲得圓滿的解決，也無法保證單獨的實存主體，有了眞實的精神依止，找到了安身立命的歸宿。

　　爲了面對死亡的精神超克，爲了解決超出世俗世間層次之上的生死大事，單獨實存主體不得不有一種基督教神學家保羅·田立克（1957）所標舉出的「終極關懷」。基於此一超越世俗關懷的終極關懷，各個單獨實存主體乃開始涉及高度精神性的宗教探索，分別探求有關「終極眞實」的答案，作爲其安身立命的精神本根或源頭。我們必需要瞭解的是，只要有眾生的存在，生死問題就永遠存在的，因此吾人的宗教靈性探索就永遠都不會終止，此即萬物之靈的宗教命運。

　　根據保羅·田立克的詮釋觀點，眞正的宗教信仰是一種面對宇宙人生的終極關懷，此一終極關懷是超越世俗與物質層面的，而宗教信仰的原動力就是終極關懷的原動力。基於此一終極關懷，宗教信仰成爲一種涉及整個人格的核心行爲與活動（a centered act）。

　　筆者認爲，宗教信仰的眞正源頭，在於每個人自覺到可以超越個人有限生命束縛的可能性。這並不是說，每個人都必須有某種特

定宗教信仰模式，或皈依某個特定宗教信仰，而是說，爲了突破超越有限生命的束縛，一個人必然會展開其個人生命意義的終極探索與追尋；這一種生命意義的終極探索與追尋，在本質上是超越世俗世間與物質層面的，換言之，在本質上是屬於「宗教性的」，不論其個人是否曾經皈依任何特定的制式宗教信仰。

一旦能進入這一層生命意義的終極探索與追尋，就能與傅朗克的意義治療學相呼應，一方面能深化自己的生命體驗，另一方面能更加肯定我們的人生，勇於面對生命中的挫折、考驗甚至於苦難，不會想到自殺。

伍　自殺防治與輔導的個案實例

多年前，在佛光山臺北道場曾經發生過一件感人的事。有一個星期六的晚上，法師們正在忙著準備共修的時候，忽然接到一通十萬火急的電話，對方說：「我要找住持說話！我……我……，我想殺人！」

原來這位打電話來的先生經營小本生意，不久前小舅子倒了他的錢，導致財務周轉不靈，眼看著月底就要到了，公司裡幾十名員工等著他發薪水，眞是又氣又急，只想殺了小舅子一洩心頭之恨。

住持慈容法師告訴他：「您殺了他，自己還得坐牢，仍然不能解決問題啊！」

「那我只有自殺了！」

「自殺了以後，家裡的親人情何以堪？難道要他們爲你揹債嗎？」

「那我怎麼辦？怎麼辦呢？」對方的聲音沙啞了，想必是在掉眼淚。

慈容法師留下臺北道場的地址，請他過來談話。約莫半個小時以後，他依約來到臺北道場。慈容法師安慰他：「人生難免有起有落，跌倒了，只要自己肯站起來，就有希望，況且人活著，不只是

爲了自己而已，更要爲愛護自己的人著想。殺人也好、自殺也好，不過落得親者痛，仇者快罷了！」

看到他情緒漸漸穩定下來，望望牆上的鐘已經十點了，慈容法師說：「您趕快回家吧！這麼晚了，太太一定等得很著急了！」

「唉！」他嘆了一口氣，接著說：「我的太太很賢慧，但是回家看到她，就想到她弟弟，心裡更難過！」慈容法師繼續耐心地勸導他。一番懇談之後，這名男子居然請求住持收留他出家。慈容法師以出家必須知道家庭狀況爲由，請他填寫表格，然後按照上面寫的資料，找人偷偷地打電話給他的太太。

「王太太！您請坐。」中年男子聽到這句話，吃驚地回過頭，只見太太在知客法師的引導下，走進門來，一臉的悲悽。他不禁起身走上前去，與太太相擁而哭。

三個月以後，王先生夫婦二人再度來到臺北道場，拜訪慈容法師。王先生歡喜地說道：「感謝您救了我的一生，也救了我的家庭。」

慈容法師的善巧開示與方便接引，成功地幫助那位王先生在面臨挫折與危機而起意想殺人甚至自殺時，正面省思生命意義，同時轉變態度勇敢面對當下的困境，化解了一場很可能發生的悲劇。

陸　結語

與其說自殺的行爲是一種對生命中所面臨之壓力、挫折與痛苦的回應方式，不如說它是一種無法面對生命壓力、挫折與痛苦的下下策——生命的自殘與自毀。而其最佳的預防與對治之方，就是對生命意義的自覺，唯有透過生命意義的啓發與教育，才能眞正轉化與治癒自殺者對生命的錯誤知見與執著。

或問：生命的意義到底在哪裡？答曰：生命的意義在於不斷深入地探索生命的意義，或者說，生命的意義在於勇於自我承擔地「活出」自我生命的意義與價值。唯有透過自我生命的省思與對

話，學習對自他生命的包容、關懷、尊重與珍惜，不斷地自我提升生命的層次，生命的意義才能在其中逐漸地彰顯與實現。

參考文獻

弗蘭克著／趙可式、沈錦惠合譯（1995）。活出意義來，臺北：光啓。[Viktor Frankl, E. (1984). *Man's Search for Meaning*. New York: Simon & Schuster.]

傅偉勳（1993）。死亡的尊嚴與生命的尊嚴──從臨終精神醫學到現代生死學。臺北：正中書局。

Tillich, Paul (1957). *Dynamics of Faith*. New York: Harper & Row.

問題與反思

一、「生命意義究竟何在？」青少年已經開始思維及探索這樣的人生課題，教師如何幫助學生自我探索生命的意義？

二、生命意義的探索是一種「主體性自覺」的過程，所謂「主體性」，即是「必須自我承擔，而無法由他人代勞的」，亦即禪宗祖師所云：「各人吃飯各人飽，各人生死各人了。」在探索的過程中，教師與輔導者所應扮演的角色是啓發、接引、嚮導與鼓勵，即所謂「師父領進門，修行在各人。」

三、在面對「生命的終極意義」此一大哉問之時，如果我們想要找到一個絕對客觀的標準答案或科學性的解釋，恐怕是永遠無解。然而，透過個人內在的生命經驗與主體性自覺，深入地作哲理性的思考與禪觀式的內省，直接與自我生命展開對話，就會對自我生命的意義有更上一層樓的領悟與體會。

四、借用禪宗的術語，我們就是要不斷地、深入地「參究」自我生命的意義，才能醞釀出「悟道」的契機，其心歷路程有如：「山窮水盡疑無路，柳暗花明又一村。」

五、一旦能打開自我生命的「靈性之門」或「靈性之窗」，就能坦然面對自我生命中的所有壓力、挫折、考驗乃至苦難，不會有自殺的念頭或意圖。

延伸閱讀

弗蘭克著／趙可式、沈錦惠合譯（1995）。活出意義來。臺北：光啓。

保羅・田力克著／魯燕萍譯（1994）。信仰的動力。臺北：桂冠。

傅偉勳（1993）。死亡的尊嚴與生命的尊嚴——從臨終精神醫學到現代生死學。臺北：正中。

彭明輝著（2012）。生命是長期而持續地累積：彭明輝談困境與抉擇。臺北：聯經。

趙翠慧著／張大諾、亓昕撰文（2012）。周轉愛的人：兩次瀕死帶給我的生命領悟。臺北：圓神。

第三章

表達性藝術治療

何長珠

摘要

本文旨在介紹表達性藝術治療（Expressive Art Therapy, EAT）各項相關媒材，如繪畫、沙遊、曼陀羅、戲劇、聲音、舞蹈等活動之體驗，與生命教育一系列目標中之自我瞭解、自我接納、自我肯定及自我改變間之關係。並說明為何藉由上述活動之進行，可催化當事人理性與感性之平衡以及個人自我與世界（同學／朋友／家人）間之互動；最後達到個人意識（理性／迷思／盲點）與潛意識（陰影／防衛／未竟事務）之間的重新建構。除提供各項相關活動之實際作品外，並附有一學期課程方案之設計與反思之問題之提出，俾便增進使用者之理解與學習。

 前言

一、表達性藝術治療理論介紹

(一) 表達性藝術治療的一般定義

依據美國國立創造性藝術治療師協會之定義（NCCATA, 2004a），表達性藝術治療師（以下簡稱EATT）乃是使用藝術、音樂、舞蹈、戲劇、詩／寫作、遊戲和沙遊的工作者。特別是指使用藝術、音樂、舞蹈、戲劇、詩等媒材來工作之心理治療專業。

(二) 表達性藝術治療的特質

1. 藝術治療使用媒介、意象及創造性過程，作為對當事人發展能力、人格、興趣、關注與衝突之一種反映（reflection）來源（美國藝術治療協會，2004）。
2. 音樂治療使用音樂去影響有健康或教育困難之個人，改變其心理、社會、物理、認知及社會功能（美國音樂治療協會，2004）。
3. 戲劇治療乃是系統並有意地使用戲劇之過程、產物，來達

到徵候減除、情緒與生理重新統整及個人成長之一種模式（美國戲劇治療協會，2004b）。

4. 舞蹈／律動治療之假設為身心是互相關聯的，因此可以以心理治療之方式使用律動作為一個過程，以催化個人各部分之統整（NCCATA, 2004c）。

5. 詩與傳記治療是同義詞，用以描述及文字形式來治療，並催化個人成長之做法。

6. 遊戲治療乃是遊戲治療師借用遊戲的治療力量，以協助當事人預防或減除心理／社會困難，並獲得成長之做法（Boyd-Webb, 1999）。

7. 沙遊治療是利用一個固定尺寸的沙盤和一系列小物件，來協助當事人探討內心心靈的層次，並統整心理狀況之做法（陳碧玲、陳信昭譯，2001）。

而所謂的統整（integrated）或多模（inter-or multi-model）治療，包括兩個或更多的運用上述各種模式，來協助當事人得到心理成長之做法。Knill等人（1995）亦觀察到這種做法，雖以表達為宗，但屬性上仍是各有所偏，如視覺表達以個人內在感受為重，音樂與舞蹈則包括較多社會性的互動等。

二、表達性藝術治療歷史發展

雖然Fenhman和Fryrean（1981）的研究指出：埃及人早在千年以前，便有用藝術活動協助精神病患之做法，希臘則使用音樂戲劇（Gladding, 1992）。但直到1800-1900年，採用藝術作為心理治療的醫療模式之想法，才開始出現。也直到1930-1940年間，心理治療和藝術治療師才逐漸發現，非語言表達媒介，如音樂、繪畫、舞蹈，在協助嚴重心理病患之功效。

McNiff在Malchiodi編輯出版的《表達性治療者》（2005）一書中談及源自1960-1970年間，藝術範疇開始對表達性概念之納入，亦即強調每個人主觀經驗表達之重要性；以及覺察到語言在溝

通人類情緒經驗上之有限。Zwenling（1979, p.843）甚至認爲「表達過程本身，比傳統口語性質之治療，更能協助人們直接而立即地進入治療狀態。」過去30年來迅速的發展，更使得EAT的工作超越醫院和學校的範圍，包括了廣泛的對象與場所（社區、教堂、法院、文化單位等）。

三、表達性藝術治療（EAT）之理論架構與特徵

一般來說，ETA治療被視爲是一個更大架構（心理治療）的一部分。具體而言，EAT所具備的特質有如下幾點：

(一) 自我表達

意指經由不同模式表達自己，並擴增對個人感受及知覺覺察之方法，Gladding（1992）認爲在諮商中加上藝術，實際上會加速自我探討之過程，因此可視爲是諮商的重要媒介。至於做法上則不強調解說，而是用催化發現自我意識之方式來深入。

(二) 主動參與

做、看、捏、扭等感官與身體之參與，往往可以讓人的能量動起來，並抒解個人持續的壓力，找到新焦點。

(三) 想像

Levine（1999）曾說，想像是使用藝術或遊戲於治療時之焦點，而McNiff則相信想像是所有自我表達形式的治療代理者。不管是藝術、遊戲或沙遊之治療性使用，一般來說，均可增加當事人的想像力，並從而找出解決問題之做法。

(四) 心靈與身體之連結

依據美國國立另類醫學學會之看法，表達性治療所運用的身心連結的介入方式被認爲是心理治療系統中，最有助於改變發生的媒介之一；而Riley（2003）之研究則提出舞蹈等感官、身體接觸性之媒介，有助於使當事人回到幼年語言運作前之狀態，從而促使腦

神經重建某些新的和更具生產性的連結。

(五) 產生一種健康自信的感覺

K. Estralla（2005）亦提出三種功效，如下：藉由各種媒介之運作，當事人不但得到放鬆（減低焦慮或憂慮）、喜悅、覺察創造之能力。同時由各種創作的成品中（特別是可見的成品，如繪畫、雕塑、面具、黏土、沙圖及文字創作）可以具體的看到成就，而產生自信與自得愉快等心理健康之屬性。

(六) 採用個別的或團體的活動形式

表達性藝術都有助於人際關係中親密、互信、互賴、互動等之發展，有利於自我價值感的狀態之獲得。

(七) 特殊症狀個案

憂鬱、焦慮、偏執、強迫、精神分裂或完美主義等表達性藝術之活動，要能幫助這類型的當事人找到一種客觀瞭解個人問題之徵候，並適當予以排除或控制之道。

貳　教學方法之運用

一、表達性藝術治療之活動設計

如前所述，表達性藝術治療之模式是非常具有多樣性的（繪畫─黏土─沙遊─鐵絲─舞蹈─戲劇─音樂）。理論上最好依據當事人之特質與現實環境之條件，來做選擇媒材之依據。此處所介紹的是作者教學「悲傷諮商與表達性藝術治療」課程中之一份學期報告；於徵得原作者同意之後匿名刊登，以協助讀者更深入的體會表達性藝術治療之做法與內涵。本次之媒材包括投射性繪畫（可用為前後測之評估）、陶土、曼陀羅、面具（其本身是一系列的連續性活動，在這之後便可導入說故事及社會劇、心理劇或家族排列之演出，本次未列出）、沙遊（最好是連續20-40盤沙盤之排列，如此

可完全在潛意識的過程中，經歷內在之轉化歷程；但此處只是體驗性經驗，故只排一次），以下將以當事人的歷程爲範例說明教學進行流程。

參 作業設計

一、内容設計依據

藝術創作是一個意義的表達，同時也是溝通和語言自然的延伸，藉此提供人們非語言的表達和溝通的機會（賴念華，1996）。藝術治療的目的可分爲二：一是以藝術作爲非語言的溝通媒介，透過當事人對其作品的聯想和詮釋，來抒發內在的情緒以提供當事人自我表現、自我成長的機會；另一是當事人透過藝術創作的過程，獲得身心緩和的空間，同時減低其情緒或情感上的衝突、困擾，以昇華個人的情緒困擾感，並提升當事人的洞察力（Irwin, 1984；Stewart, 1984；陸雅青，1993；賴念華，1994；范瓊芳，1995）。甚至有些當事人認爲藝術治療所提供的經驗，比傳統口語取向的心理治療更爲有效（Blatner, 1992）。

在藝術治療裡，情感會在使用藝術媒介的過程中表現出來，從作品的觀點來看，創造的過程可以是一種破壞性能量的釋放。藝術素材的運用，能夠催化防衛機制的崩潰以及感情的流露，在此過程中所經驗到的攻擊性、矛盾性與爆炸性的情感，則形成了治療的本質（Tessa Dalley著，陳鳴譯，1995）。Malchiodi（1998）即提出藝術治療的功能包括：視覺化思考、表達語言所不能及、情緒的宣洩、創造具體化的作品等方向。Freeman（1997）也指出，若限制自己對人生命故事的理解只能透過文字時，就忽略了一個人整體的身（body）與心（mind）之互通性，而不自覺的將人的存在二元化了。語言的描述不能完全呈現生命的面貌，若能夠將豐富的非語言情感與感官的知覺納入，透過表達性藝術治療，使新的經驗向

度得以出現，不但有助於獨特經驗的開啓，更可能發現被自己也忽略的生命故事之內容。在現象場中，工作者對藝術成品的體認與反映，往往有協助當事人趨於正向積極的過生活與解決問題創造力的啓發。

二、作業內容

(一)「投射畫─自我畫像」／前測及分析（每週作業心得150字）

在簡單的自畫像中，其內在的意涵並不是那麼的簡單。自畫像每一段線條、每一個呈現的方式都有言語沒有說出或者說不出來的狀況。在自畫像中所發現的個人新資料，是表達性藝術治療的第一步。

(二)「集體繪畫」──以大學生活為主題

人與人之間的相處，有表面的現象也有不為人知的感受。而這些情況，當事人或許明白但也有可能是不清楚的，尤其是大學生活中，友誼占了這段生命中的一大部分。在集體繪畫中反思自己的人際關係並且與自己呈現的作品作連結，將會對自己的人際狀況有更深刻的瞭解。

(三)「最喜歡的一首歌」PK賽

歌曲能抒發情緒及表達感受，再不會用言語表達自己的人，也會隨口唱上幾句。但是為什麼會在千百首歌中獨鍾其一呢？這裡面可能含有當事人沒有發現自己對感情的共同態度或需求，而這首歌則把當事人的情緒表達了出來。

(四) 演出「即興社會劇」──人際依附類型

可以藉由角色的扮演，安全的體會自身在面對兩難情境的選擇，從而瞭解自己的性格是屬於安全／焦慮／逃避／排除的那一類型，並可於事後加做依附量表，雙重檢核。

(五)「生活中的一個困擾」（小組分享——製作短劇）

大多數的時候，我們都認為自己的問題是獨特的，無法解決的。藉由小組的表演及分享可以看到自己的問題其實是可以解決的，也可以看到別人的生活問題，進而產生自己並非孤獨面對問題的感受，而可能激發其表露。

(六)「家庭樹與家庭雕塑」各組演一個短劇，劇中需包含拯救者、受害者、加害者等角色

依據卡普曼戲劇三角的理論，家庭中的每一個成員都有屬於自己所扮演的角色，並且會隨著對方的反應而不停變化。在角色扮演下，覺察自身在不同關係中所扮演的角色並且反省自己家庭中類似之特徵，可望催化家庭關係之改善。

(七) 期中心得報告前（七週之上課總心得約1000字）

(八)「黏土創作」失落與悲傷之陰影／個人創作小組

在前面七週的基礎下，團體動力已經形成，可以逐漸分享自己個人內在的故事，並且在老師及同學的支持下，更完整的看到自己的故事。

(九) 沙遊治療

個人內在的潛意識並不是那麼的容易呈現，但是可以利用不同的方式使其浮現在意識狀況，並且試著解讀，瞭解自己內心的幻想或煩惱。（教師本人必須先有相關學習與督導）

(十)「靜心曼陀羅」之繪製

在現代的生活方式中，「靜」是個難得的享受，更難的是明白靜下來的方法。而在畫出屬於自己的曼陀羅時，往往卻可以體驗極專心時心中的清明寧靜之感。（須三小時，關手機）

(十一)「遇見未來」「放鬆與催眠」正向暗示

對於未來的自己有什麼樣的期待，體驗潛意識中的自我畫

像。從內而外的看到自己新的形象。

(十二) 10年後的生涯「計畫」／（價值澄清單）

自己未來想做的工作是什麼？要如何才能達到？預想未來的個人工作將協助當事人逐步的明白，要達成自己設定的目標還需要哪些條件、充實何種工作能力。

(十三)「認識自己的內言與非理性」

在團體中列舉個人習慣之迷思與盲點，協助當事人開始面對自己的迷思，進而產生改變。

(十四)「學習說不／是」聲音和動作之練習

對於生活上的事物，不需要一味的拒絕或接受，學習表達出自己內在的感受，並且接受帶來的結果。

(十五)「懺悔與平安」

對於自己的過錯，不要刻意否認及逃避。否認及逃避會讓自己內在產生負面的感受，而懺悔則可將負面能量宣洩與恢復平衡。

(十六) 體驗說出對不起／謝謝你

和解的方式有許多種，而每個人都可以達到的方式就是說出對不起和謝謝你，雖然方式是如此的單純，但卻有許多人因為內在的感受而不願意去執行，但在表達性藝術治療的歷程中，大部分的當事人都可以如實面對自身的問題，並得到「釋然」的輕鬆之感。

(十七)「家族排列示範」

在經歷了一連串的學習之下，當事人已經逐漸的放下自己的執著及抗拒，願意往內在的方向探索。透過家族排列的示範瞭解每個人皆有與潛意識溝通之能力。（教學者須先經歷過做主角之經驗與訓練，否則不適合實施）

(十八)1. 進行人際依附測驗後測及投射畫─自我畫像／後測。

　　2. 繳交期末課程回饋與總心得報告各500字。

三、作業實施範例

(一) 當事人背景說明

當事人為中年國小行政人員，已婚育有一子，與先生不易溝通，並於三年前遭逢喪弟之打擊（兩人關係很好）。平常生活正常愉快，常與友人遊山玩水；但在這次的表達性藝術治療與悲傷諮商之活動及學習經歷中，逐漸發現一些更真實內在的自己（如：外表好強內在脆弱；或對獨子有過分愛護及依賴之期望）。

加上投射性繪畫前後測之比較；當事人終於能更真實的接納自己與他人；從而得到更統整和有效的新存在方式。

(二) 課程活動之說明──悲傷諮商與表達性藝術治療／實作心得

週次：二　課程名稱：屋樹人（前測）　日期：　/03/14

　　　作者：XX珠

　　　作品命名：討厭又可憐的人　待解問題：與同事緊張的關係

週次：十九　課程名稱：屋樹人（後測）

　　　作品命名：在照顧他人與被照顧中得到安慰

週次：五　課程名稱：陶土（陰影）

　　　作品命名：想像一個無法承受的悲慟

週次：六　課程名稱：曼陀羅

　　　作品命名：十年後的我──天地一沙鷗

週次：七　課程名稱：面具

　　　作品命名：自己死亡時

週次：九　課程名稱：沙遊（葬禮）

　　　作品命名：我想要的葬禮

(三) 當事人之表達心藝術治療作品

<table>
<tr><td colspan="4" align="center">悲傷諮商與表達性藝術治療　實作心得</td></tr>
<tr><td>週次：二</td><td>課程名稱：屋樹人（前測）</td><td>日期：　/03/14</td><td>作者：XX珠</td></tr>
<tr><td colspan="2">作品命名：討厭又可憐的人</td><td colspan="2">待解問題：與同事緊張的關係</td></tr>
</table>

內容（故事）：

　　我想解決的是與某同事間的緊張關係，他是個強迫症患者，最近為了職務調動的事，時常對我大吼大叫，讓我感到相當心煩，所以提出這個問題。

　　畫房子時我以一貫畫房子的模式進行，不知怎地，房子卻往後傾斜，看來有些好笑，畫人時，直覺就不想好好畫，只以簡單的符號代表人，而且畫在樹旁邊，有想站在樹下乘涼的意味。

　　上課之後，知道房屋不穩有如颱風來襲之前夕，表示面臨很大困境，自覺無法掌握情勢；側邊的窗戶太高，前門太低，顯示雖有溝通的意思，但誠意不足。惟樹枝偏向右邊，代表照護比較偏向「家」及「情緒」的方向。

　　屋子傾斜代表面臨此同事之騷擾對個人生命造成被恐嚇的不安。而簡略沒有五官的人形，亦正顯示自己不知如何處理這樣的關係。

　　此外，獨子大學即將畢業，正面臨人生重大抉擇的困境，自己也不知如何與之溝通才好。樹枝節僅向右方（感受）發展，可能是因為自己的理性因應不足。

悲傷諮商與表達性藝術治療　實作心得	
週次：十九	課程名稱：屋樹人（後測）
作品命名：在照顧他人與被照顧中得到安慰	

內容（故事）：

　　原來是不準備畫後測的，但是看同學都畫了，就利用很短的時間完成這幅畫，因為真的很想瞭解一個學期下來，自己在原來困惱的關係中，問題減緩了多少。

悲傷諮商與表達性藝術治療　實作心得	
週次：五	課程名稱：陶土（陰影）
作品命名：想像一個無法承受的悲慟	

內容（故事）：

　　在討論自己是否已經歷人生最大的悲慟時，想想弟弟的往生的確帶給我很大的悲傷。但由於他長年酗酒，身體已經被糟蹋得差不多了，所以有一種「預期性悲傷」的準備，雖然心有不捨但自覺尚能調適接受。

　　當老師要我們想像無法面對的傷慟會是什麼時，念頭閃過的是自己唯一的兒子，如果失去他我無法想像自己是否可以撐得過，是想也不敢想的問題。

悲傷諮商與表達性藝術治療　實作心得	
週次：六	課程名稱：曼陀羅

作品命名：十年後的我 —— 天地一沙鷗

內容（故事）：

　　在優美的音樂中，冥想著十年後的自己，很自然就想起杜甫的詩

　　　　「細草微風岸，危檣獨夜舟。

　　　　星垂平野闊，月湧大江流。

　　　　名豈文章著，官應老病休

　　　　飄飄何所似，天地一沙鷗。」

　　雖然老師強調盡量不要畫具體的東西，但還是只能畫出具體的圖像。

悲傷諮商與表達性藝術治療　實作心得	
週次：七	課程名稱：面具

作品命名：自己死亡時

內容（故事）：

　　當老師問想活到幾歲時？閃過念頭的是80歲。

　　在優美的音樂聲中，冥想自己的死亡，冥想中一直出現粉紅色，也想到自己修行不夠，所以想以頭頂蓮花激勵一下自己的覺悟，於是努力在頭頂畫出蓮花，無奈看起來不像。

悲傷諮商與表達性藝術治療　實作心得		
週次：九	課程名稱：沙遊（葬禮）	
作品命名：我想要的葬禮		

內容（故事）：

　　如果有一天我死去，我想樹葬回歸自然，所以，我選擇以花木布置我的葬禮，以藍寶石為棺槨，中間紫色的石頭是我永恆不變的靈魂。

　　案頭上的「圓緣」表示因緣的聚散與一生的圓滿，也喜歡喪禮中播放迷人的古典音樂。散落一地的彩石，是我一生繽紛的生命遺跡。在一旁的石頭，一如默默送行的親朋好友，你們與我此生堅定的情誼，我懂。

(四) 當事人上課總心得及收穫

　　跟隨老師用心與緊湊的課程，除了從上述各項表達性藝術治療實作中，學習得到很多成長與改變外，個人主要的收穫與心得是：

1. 「人只有在遊戲時，心靈才是真正自由、開放的」。換言之，心靈自由、開放的人，才懂得遊戲；一個懂得遊戲的人，才是完整的人，的確是如此——傷痛的人，一定不會想要遊戲吧。

2. 「看不見的悲傷，並不等於沒有悲傷」，如兒童的悲傷，可能會呈現變形悲傷（以功課—生病等行為表現出來）。而成人的悲傷則可能會隱藏，喪子的父親雖然一直以來強調自己很好，但卻是個性變了個樣。上了老師的課我才知道家人其實都忽略他的喪子之痛，而引發他更嚴重的身心症狀。

3. 輔導要考量社會、心理與心靈三個層面，如中國文化是個「隱藏悲傷」的文化，因此民俗喪禮中，頭七與往生者關

係的告別儀式等，在悲傷的表達與宣洩上，就顯得格外重要。

4. 當面臨一團挫折時→要能分析問題類型→找出具體事實→探討當事人與對方的關係（今生前世的因果關係）→歸納癥結（如當事人人格特質是主觀、固執等）→找出當事人自己相信的系統（談話與思考系統）→以平等化的心情與動機進行對談，而不要以教育觀點的模式，給予教導建議。

5. 「生命中面臨挫折，是一種『賦能』的機會，也是心靈成長的開始」，所以學會不要僅以負面的角度去看待，才是有效的人生觀。

6. 生命／生死書的製作，協助吾人學習如何進行死亡各方面的準備──「隨時醒悟無常、更多活在當下」，是修習這門課最重要的收穫。

肆　教學評量

在表達性藝術治療的課程中，紙筆測驗並不是必備的。表達性藝術治療看重的是同學對於自己產生新的發現及改變。

在每次的作品實作及呈現中，藉由老師和當事人的互動，看到當事人隱而未顯的內在感受──在當事人呈現自己作品時的發現、在同學的回饋時自己的覺察，並在學期末時能把自己懸著的問題達到一定程度的處理。那種驚喜是很震憾而難忘的！

在期中及期末時，分別會有兩次的心得作業，讓同學分享自己在學習中的收穫。而老師也會依照同學收穫的程度，給予不同的協助，並且尊重同學願意開放的程度。在最後一次上課時，會將同學在本學期中的創作以海報及生命書的方式分別展現，並讓同學自由的分享自己在本學期中的收穫。老師再根據自身在課堂上的觀察，逐一的回饋當事人在學期初及學期末的轉變，指出同學們沒有意識到的地方，並鼓勵當事人要繼續深入、挖堀自己不同的樣貌。

參考文獻

中文

何長珠、朱貞惠（2012/2014/2016）。家庭心靈排列治療理論與實務，表達性藝術治療13/14講，268-307。臺北：五南。

何長珠、李映嫻（2012/2014/2016）。戲劇治療，表達性藝術治療13/14講，173-205。臺北：五南。

何長珠、陳怡廷（2012/2014/2016）。投射性繪畫，表達性藝術治療13/14講，45-84。臺北：五南。

何長珠、廖珩安（2012/2014/2016）。沙遊治療，表達性藝術治療13/14講，206-235。臺北：五南。

何長珠等（2012/2014/2016）。表達性藝術治療13/14講。臺北：五南。

李佩怡（2003）。助人者與癌症末期病人關係歷程之質性研究。未出版之博士論文。臺灣師範大學教育心理與輔導研究所。臺北市。

范瓊芳（1995）。幼兒心理繪畫分析與輔導——家庭繪畫動力的探討。臺北：心理。

陸雅菁（1999/2016）。藝術治療。臺北：心理。

賴念華（1994）。成長團體中藝術媒材的介入：一個成員體驗的歷程分析。未出版之碩士論文。臺灣師範大學研究所。臺北市。

賴念華譯（2002）。藝術治療團體工作手冊（Marian Liebmannm, 1986）。臺北：心理。

英文

Carmen Richardson (2015). *Expressive Arts Therapy for Traumatized Children and Adolescents: A Four-Phase Model*, Routledge: UK.

Edward R. Miller-Jones (Editor) (2012). *Expressive Therapy: The Healing Arts*, paperback, Eastbook publishing, USA

問題與反思

一、在不同媒材中，哪一種媒材能催化你自己的體驗與表達，能使你說出
　　自己有關之各種情緒或故事？

二、經由分享與回饋，是否能瞭解人己之異同，並且擴增同理利他之性
　　向？

三、在一學期的課程中你在情緒覺察與表達之是否能更清楚？

$$\boxed{\text{延伸閱讀}}$$

黃傳永（2012）。藝術治療運用在失落悲傷調適之探討。**臺灣心理諮商季刊**，4卷2期，22-41頁。

黃傳永、賴美言、陸雅青（2011）。表達性藝術治療對憂鬱情緒兒童之團體輔導效果研究。**臺北市立教育大學學報**，42卷2期，21-52頁。

趙彗攸、曾馨儀、黃郁娟（2010）。表達性藝術治療在兒童悲傷輔導團體療效因子之探討。**臺灣心理諮商季刊**，2卷1期，30-43頁。

第四章

生命密碼

釋永有

摘要

本章針對生命密碼作探討，第一節先介紹生命來自何處，從生物學的演化論、各宗教的看法來探討。第二節說明生命是如何傳承下來，從生物DNA及心靈DNA的作用探討，並說明生物DNA與心靈DNA如何相輔相成。第三節提供幾個方法淨化心靈DNA。最後結語，強調生命當積極的活在每個當下。

壹　生命來自何處？

要探討生命密碼，首先要問：生命從何而來？生物學、宗教學各有不同說法，所以值得大家去思量，以下提供幾種說法。

一、生物學的演化論

英國自然主義者達爾文及華萊士（A. R. Wallace）在1858年提出「演化論」，指出今日地球上所有生物都是由原始變形蟲（阿米巴）之類的生物，在極冗長的時間裡慢慢演化而成。最原始生物又是由化學分子演化而成，而人類就是這演化程序裡的最後產物。也可以說人是原始生物進化而來，從單細胞微生物、多細胞微生物、海中低等生物、有殼生物……進化到人類。

達爾文發表《物種原始》一書，其中最主要的演化論點就是「天擇學說」（nature selection），只有最適合於環境的個體能夠存活。他認為世界並非固定不變，而是持續穩定的改變，而生物也隨著時間產生形變。1896年，又加入了孟德爾遺傳學的觀念，更加強了演化的觀點。受到達爾文的概念啟發後，又加上生物學家不斷運用新的資訊及研究方法，到了1960年代，許多生物學家開始以基因中心演化觀點探討演化過程。近10年來，關於人類與其演化近親的基因組研究，突飛猛進。2000年人類基因組解碼，2005年黑猩猩基因組解碼。2010年，瑞典遺傳生物學家帕波宣布尼安

德塔人基因組定序，從此人類演化研究邁入新紀元，人類對生命的瞭解有了全新的看法。

二、聖經中的創造論

基督教的《聖經·創世紀》第一章二十四、二十五提到，上帝說：「地要生出活物來，各從其類，牲畜、昆蟲、野獸，各從其類，事就這樣成了。於是上帝造出野獸，各從其類，牲畜，各從其類，地上一切昆蟲，各從其類。上帝看著是好的。」

《聖經·創世紀》第一章二十六、二十七提到，上帝說：「我們要照著我們的形象，按著我們的樣式造人，使他們管理海裡的魚、空中的鳥、地上的牲畜和全地，並地上所爬的一切昆蟲。神就照著自己的形象造人，乃是照著祂的形象造男造女。」

由以上的引述，基督教認為人類是上帝依照祂的形象，創造出人類。

三、古蘭經的人類來源

《古蘭經》第九十五章四節提到：「我確已把人造成具有最美的形態。」《古蘭經》第三十八章七十一～七十二節提到：「當時，你的主曾對眾天神說：『我必定要用泥創造一個人，當我把他造出來，並將我的精神吹入他的體內的時候，你們當為他而倒身叩頭。』」

伊斯蘭教相信人類是亞當（Adam）與夏娃（Eve）的子孫，是阿拉用泥土製作，然後把精神吹給人類的身體，這樣就創造出人類了。此處「精神」應指人類通稱的「靈魂」。

所以依據《古蘭經》，人是阿拉從泥土中創造出來的。

四、佛經中的人類來源

根據佛經《長阿含》起世經最勝品第十二之一：

「復次,諸比丘!世間轉已,如是成時,諸眾生等,多得生於光音天上。是諸眾生生彼天時,身心歡豫,喜悅爲食,自然光明,又有神通,乘空而行,得最勝色,年壽長遠,安樂而住。諸比丘!爾時,世間轉壞已成,空無有物,諸梵宮中,未有眾生。光音天上福業盡者,乃復下生梵宮殿中,不從胎生,忽然化出,此初梵天名娑訶波帝(娑訶者世界名,波帝者主也),爲如是故有此名生。

諸比丘!爾時復有諸餘眾生福壽盡者,從光音天捨身命已亦於此生,身形端正,喜悅住持以爲飲食,自然光明,有神通力,騰空而行,身色最勝,即於其間,長時久住。彼諸眾生於是住時,無有男女、無有良賤,唯有此名,名曰眾生眾生也。

復次,諸比丘!當於如是三摩耶時,此大地上出生地肥,周遍凝住。譬如有人熟煎乳汁,其上便有薄膜停住,亦如水膜,停住水上。如是如是,諸比丘!復於後時,此大地上,所生地肥,凝然停住,漸如鑽酪,成就生酥,有如是等形色相貌,其味甘美,猶如上蜜。

爾時,眾生其中忽有性貪嗜者,作如是念:『我今亦可以指取此,試復嘗之,令我得知,此是何物?』時,彼眾生作是念已,即以其指深齊一節,沾取地味,吮而嘗之。當已意喜,如是一沾一吮,乃至再三,即生貪著。次以手抄,漸漸手掬,後遂多掬,恣意食之。時,彼眾生如是抄掬恣意食時,復有無量其餘諸人,見彼眾生如是食噉,亦即相學,競取而食。諸比丘!彼諸眾生取此地味,食之不已,其身自然漸漸澁惡,皮膚麤厚,顏色濁暗,形貌改異,無復光明,亦更不能飛騰虛空。以地肥故,神通滅沒。」

依據以上的經文,佛教認爲地球形成之初,尚無生物,最早的

地球生命是從光音天下來的，當時他們有神通，可是吃了地球上的食物之後，身體變粗重，失去天人之妙色光明和神足通，無法再返回天上。

　　生命來自何處？除了上面所言，還有其他說法。然而直到今日，由生物學觀察來看，科學家似乎較傾向達爾文主義，認為各種生物是由連續微小的差異逐漸而成的，由低等演變成高等生物。然而中間生物又在哪裡？目前在遺傳學上發現，由突變或基因重組，造成的差異都不會太大。如果生物可藉逐步變異產生「種」的差異，應當有許多半狗半牛等生物存在。所以人類的祖先是猿猴嗎？兩者的DNA是不同的，因此若說猿猴是人類的祖先，就有待更進一步考察了。

貳　生命如何傳承？

　　生命是如何傳承下來？以往大多以狹義的生物上DNA去論述，本文則希望用廣義角度來討論生命是如何傳承下來。一個完整的個體應包含：身、心、靈。因此要解開生命密碼，不應該只從生物DNA去看待，心靈也應該包含在內。所以有關心靈部分，本文使用「心靈DNA」來進一步揭開生命真面目。

一、生物DNA作用

　　如果說人有一種能力，可以讓自己把屬於自己的一切，從上一代延續下來，這種功能就是遺傳，也是DNA的作用。生物性DNA的功用，就如龍生龍、鳳生鳳。意指負責將親代的性狀特徵傳遞給子代，像是血型、膚色等，DNA儲存了這些遺傳的訊息。所以我們的容貌、膚色、髮色等等都是由父母親遺傳給我們的基因決定，我們無法改變，天生下來就被注定了。

　　「人類基因組計畫」，在美國、英國、德國、法國、日本、中國大陸參與之下，共同完成了一件重大的發現。2000年6月26日

美國總統柯林頓和英國首相布萊爾，同時宣布人類基因圖譜的完成
（98%），這是在世界各國研究團隊努力之下，完成了這項重要任
務。

二、生物DNA利與弊

　　近代科技的進步，科學家應用生物性DNA特性，讓很多農業
與畜牧業化腐朽為神奇，例如：應用基因改造，育種出口感更好的
玉米、更美艷的花卉等等（李冠徵等，2010）。甚至在西元1997
年桃莉羊的複製成功，讓科學家興奮不已。然而人類過度干涉大自
然運作的自然法則，真的有比較幸福嗎？例如：基因改造的食品，
已有多篇報導可能會危害身體。

　　生物性DNA能夠萬無一失做好遺傳的天命嗎？答案當然不
是，總有失誤的時候，例如：染色體的異常，導致基因功能失能，
造成畸型，如唐氏兒。科技的應用，生物性DNA會不會失控？
多數不是科學家的百姓，我們能掌握多少呢？科學家操控生物性
DNA，未來人類會更壞或更好？如果更壞，生命生存的品質只有
下降；如果更好，此生生命只有短短數年，不一定遇上。現在人類
智力真的有比古人進步嗎？或許現在人類有科技的頭腦，然而生活
智慧卻不如古人。例如：煩惱、自私、慾望等等負面思想變多了，
造成社會上自殺、子女傷害父母等等社會亂象一再出現。

　　所以探討生命密碼，必須擴展領域，只從物質性生物性DNA
思考，只會窄化生命寬度。而心靈DNA給了我們另一面向的思
考，至於什麼是心靈DNA？以下敘述說明。

三、心靈DNA是什麼？

　　一個人從生至死所有的過程、不斷的生死輪迴及如何解脫生
死，在經典中都有詳細的記載，提供了促進身、心、靈提升的模
式。所以佛學也是一種生命的智慧、生命的教育，不見得一定把它
當作宗教來看待。

　　佛學所講的第八意識（阿賴耶識），就是心靈DNA。何以見得？阿賴耶識不是細胞，不是大腦，不是新的東西，而是一種意識的成分。它的最大功能，就是儲存、記憶、攜帶的功能。既然如此，究竟它儲存什麼？攜帶什麼？記憶了什麼呢？最佳的答案就是：儲存一個人過去所有的所見、所聞、種種感覺跟想法等。而這些記憶就儲存在阿賴耶識，儲存在深層潛意識。若說DNA代表遺傳的特徵，心靈的DNA則代表心靈自我遺傳的特質。因此，阿賴耶識稱之為心靈的DNA，其實也不為過了。

　　阿賴耶，梵語laya之音譯。為八識（眼、耳、鼻、舌、身、意、末那、阿賴耶等識）之一，九識（八識及阿摩羅識）之一。阿賴耶識是生命受生的根本識。阿賴耶識的功能，就是從過去到現在，所有感官知覺的記憶，心中想法、心情、情緒、優點、缺點等等，都會儲存在阿賴耶識。

四、心靈DNA作用為何？

　　我們常說：「要怎麼收穫，就怎麼栽。」意思是說：如果你好好照顧你的秧苗，你將會種出好的植物，有好的收成。如果自己有不良的思想與行為，最後還是會回到自己；有善良的心、善良的行為，也是一樣會回到自己。在因緣合和之時，回到你的生命中，因為心靈DNA會非常完整的記錄下來。所以，我們常說命運或運氣，好運或壞運，其實一切都不是偶然，是各有因緣。

　　因此，你如果今世出生在幸福家庭，是過去世種下好的種子，與人結下好緣分，而現在的你正在享受成果。如果此世生在困難的家庭，可能是前世有未解決的人際關係，而你這一世選擇這個家庭，是給自己一個學習及解決問題的機會，也是淨化心靈DNA的好時機。

　　生命的密碼，若只有生物性DNA，認為心靈DNA不存在，不是和別人過不去，而是侷限了自己生命提升的機會。因為我們既有的生物DNA無法改變，例如：膚色、長相、身高、壽命等等，我

們無法修正。但心靈DNA給了我們機會，人生還有迴轉的餘地。不管過去做了什麼，只要自己願意，隨時都有可以累積福報的機會，讓自己的境界更提升。

五、心靈DNA的相關案例

輪迴的案例，古今中外已有許多，並不侷限於宗教的範圍。近代西方科學，對於能夠記憶前世的人，立案調查研究，經過科學的邏輯思維方式，所謂：發現對象─獲取資料─立案質疑─當面取證─追蹤觀察─寫出報告，這樣非常清晰的科學性調查，發現很多案例。

史蒂芬森博士，是維吉尼亞大學心理學家，從事這方面研究長達40多年，發現非常多案例（Ian Steveson, 1974）。他對生命輪迴課題，蒐集了3000多個輪迴的案例進行了深入研究，研究範圍遍布世界各地，如：美國、加拿大、歐洲、東南亞等。他主要研究的對象是具有前生記憶能力的兒童和少年。他的代表作例如：《20個輪迴案例》（*Twenty Cases Suggestive of Reincarnation*）、《輪迴學與生物學的融彙》（*Where Reincarnation and Biology Intersect*）、《從具有前生記憶的孩子研究輪迴問題》（*Children Who Remember Previous Lives: A Question of Reincarnation*）、《前世：前世的兒童記憶》（*Life Before Life: Children's Memories of Previous Lives*）。

另外應用催眠方式幫助個案回溯前世記憶，也有很多案例。知名學者如美國精神研究協會主席布朗大學杜克斯博士、伍爾格博士、瑞克·布朗博士、魏斯博士等。其中魏斯（Brian Weiss）博士是精神科醫師，有30多年心理臨床治療經驗，其代表作包括：《前世今生》、《生命輪迴》、《返璞歸真》等。

《前世今生》一書中，描述一位女病人凱瑟琳在催眠下，回憶前世，並治好了憂鬱症。在催眠下，凱瑟琳說她已經輪迴了86世。而每次所回憶到的前世，她都能夠把看到的情形、時間、地

點、人物，清清楚楚地描述出來。

例如：其中有一世她非常怕水，在催眠狀態中，她回憶到公元前1863年古埃及時代，她是一位女生叫阿朗達，她在搬運泥沙幫忙修建金字塔。她有個抱在懷中的小女兒叫克莉斯塔。她說這小女兒就是今世關係密切，情同母女的姪女。有一天，山谷裡頭的村子洪水暴漲，如海嘯一般，從山上沖下來，洶湧的大水就把村落淹沒，很多人被淹死了。她抱著小女兒逃命，一個大浪衝過來，把懷中女兒捲走了，她也被水嗆到喘不過氣來，非常難過（Brian Weiss, 1992）。經過魏斯博士的引導、安慰後，才恢復正常，從此對水的恐懼也消失了。

由這例子可知，前世所經歷的事並沒有消失，對水的恐懼一直存在心靈DNA裡，所以現世還是怕水。另外，凱瑟琳前世的女兒，現世變成情同母女的侄女。所以人與人的因緣關係也都存在心靈DNA裡，再度相遇時，彼此就會覺得熟悉。

六、生物DNA與心靈DNA如何相輔相成？

經過上述描述生物DNA與心靈DNA的作用後，哪一個比較重要呢？其實兩者是相輔相成，一體兩面。因為生命的面向包含身體與心靈。生命的進化需要身體與心靈同時運作。心靈DNA在每一期生命的學習當中，都會有新的儲藏和記憶，也可以說是「藉假修真」，藉著身體來修練心靈。

而當心靈提升了，也會回饋給身體。例如：一個人心情好時，笑容滿面，看起來比較美麗開朗。所以當心靈美化了，身體容貌也會隨著美麗好看起來。心靈DNA則記錄了這一切心靈的成長，且隨時提供給每一期生命成長的元素。

參 心靈DNA如何淨化？

心靈DNA可以儲藏所有過去的一切，連結過去、現在與未來的生命。但此身難得，唯有回到當下，從生活去落實，才能淨化我們的心靈及儲藏在心靈DNA中的記憶種子。所以如何培養我們的「善心」，是淨化心靈DNA最重要課題，以下提供幾個方法：

一、種族上的認知

人類有不同膚色的人，如：黃、白、黑色皮膚，代表著不同種族的人有各自的DNA，但共同點都是人類，都生活在地球上。以前要去別的國度，都要飄洋過海，經過很久時日才能抵達；隨著科技的進步，現在交通便利，幾個時辰就到了。所以現在我們說地球是「地球村」。因此，不同種族的人就如同我們的芳鄰，應該互相照顧、尊重與幫助。

二、環境上的認知

我們住在地球上，保護大環境就是保護自身，所以對地球變化要有所認知與貢獻。由於氣候變遷愈來愈激烈，現在有很多過去未曾有過的天災，例如：逐漸縮小的北極冰帽，導致北極熊數量下降、海水上升。洪水或颱風的無情，肆虐了地球上許多美麗的島嶼。而颶風則侵襲著美洲大陸，掠奪了不少人命。氣候變遷的影響，給地球的生命帶來很大的威脅。

那我們可以做些什麼呢？例如：自備購物袋與容器，少吃肉，少製造垃圾，少購買瓶裝水，提高冷氣的溫度，食用健康蔬食，用步行、騎自行車與搭乘大眾運輸工具取代開車等。

三、生活上的認知

星雲大師推動「三好運動」——做好事、說好話、存好心，來幫助他人也幫助自己。所謂「做好事」，就是修身，淨化身業，做

利益大眾的事。例如：不偷盜、不邪淫、不爲非作歹，而能做一些利益人的善行、懿行、利行，這就是做好事，也就是身行善事（星雲大師，2014）。

所謂「說好話」，就是修口德。把瞋恨、嫉妒人的惡口，換成柔軟讚歎的好話，不說妄語、不說綺語。與人往來，要說慈悲的話、智慧的話、眞誠的話，這樣可以爲我們帶來好的人緣。

所謂「存好心」，就是修心，淨化我們的意念。把愚痴的邪心，換成慈悲智慧的佛心。例如：不要有疑心、嫉心、貪心、瞋心、惡心，而要懷著慈心、悲心、願心、善心、發心等，「照顧念頭」，念念是慈心，自然所遇的都是善緣（星雲大師，2014）。

我們所做的善事、惡事，待因緣成熟，一切果報，還得自受。因爲心靈DNA記得一清一楚。而我們的利益和未來的幸福，都與他人緊密相連在一起，我們幫助他人，事實上善果會回到我們自己身上。也可藉由「三好運動」，培養慈悲、耐心、寬恕、謙虛、容忍等等心靈特質，來優質化心靈DNA。

四、對自己的認知

我們對自己瞭解多少？靜靜的觀察自己，與內心對話。自己有沒有不好的習性、脾氣？或者不好的人際關係，能不能在這一世有所改善呢？假使觀察到自己的人際關係不好，是不是就要朝對人好這個方向來改善？如果察覺到自己有一些壞習慣，難道說今生今世還要從過去世延續下來，延續到未來嗎？透過這樣的觀察跟體會，來改善自己的不良習慣。

至於好的方面，自己靜靜地想著，如果有好的習慣、好的能力、好的念頭、好的行爲、好的人際關係、好的因緣，就要繼續保持，而且累積更好的能力，將來一定有更好的果報。因爲生命密碼會帶著它們延續下去。

肆 結語

　　生命的密碼可分爲生物性DNA與心靈DNA，各自攜帶著來自父母或自己過去的遺傳密碼，影響著一個人的今生、過去世與來生。由於每一世的身體都來自不同的父母傳承，有著無法改變的事實。故而更重要的是心靈DNA，因爲在每一世都有可能改變。

　　從積極面來看，每個人在每一生的每個當下，都有轉變自己命運的可能性。因此，每個當下的心念、語言和行爲，都會帶來將來的結果。好與不好，善與不善，都把握在自己手中。而我們若能行「三好」——存好心、說好話、做好事，不只個人心靈淨化了，世界也必定更美好。

參考文獻

大正藏第1冊。No. 0024。《長阿含》世紀經第9卷。358a。

《可蘭經》。第三十八章七十一～七十二節、第九十五章四節。

李冠徵等（2010）。**基礎生物A**。臺北：啓英文化。頁4-2。

星雲大師（2014）。星雲大師現代詮釋——三好。人間福報。民103年8月29日

《聖經》。舊約全書創世紀第一章二十四、二十五、二十六、二十七。頁1。

Brian L. Weiss（1992）。前世今生（譚智華譯）。臺北：張老師文化。頁14-15。

Brian L. Weiss（1994）。生命輪迴（黃漢耀譯）。臺北：張老師文化。

Brian L. Weiss（1996）。**返璞歸眞**（康文雄譯）。臺北：林鬱文化。

Ian Steveson (1974). *Twenty Cases Suggestive of Reincarnation*. Charlottesville: University Press of Virginia.

問題與反思

一、讀了以上文章，自己的心得如何呢？有什麼要跟別人分享的嗎？可以
　　互相討論一下。

二、靜心思維：自己有什麼好的習慣、好的能力、好的念頭、好的行
　　為……你是如何辦到的？可以和大家分享。

三、靜心思維：自己有什麼不好的習慣、不好的思想、不好的情緒……我
　　可以如何改變？

延伸閱讀

Brian L. Weiss（1992）。前世今生（譚智華譯）。臺北：張老師文化。

Brian L. Weiss（1994）。生命輪迴（黃漢耀譯）。臺北：張老師文化。

Ian Steveson (1974). *Twenty Cases Suggestive of Reincarnation*. Charlottesville: University Press of Virginia.

第五章

宗教的生命教育
——佛教

黃國清

摘要

佛教的根本教義其實就是一套生命教育的思想與實踐。本文扣緊佛教的生命觀點、生死超克、生命意義與生活實踐這幾個議題，順著佛教思想的發展脈絡，紹介與探索佛教總體教義所能提供的豐富與精深的生命教育資源。

 前言

佛教源起於印度，現在已經成為一個世界性的宗教，有其教主、教義、教團與宗教儀式，傳播於全球各地，根植於核心教法，與不同地域文化融合而有外顯樣貌的差別展現。然而，在釋迦牟尼佛提出其修行觀念體系之初，原本非以一種宗教的形式出現，純粹是對人類生活與生命的深刻和如實的觀照，並據此導出獲致生活安樂及解決生命問題的實踐道路。我們可以說，佛教的根本教義其實就是一套生命教育的思想與實踐。佛教在其歷史發展過程中形成了初期佛教與大乘佛教的多樣教說分化，後者是在前者的教義基礎之上進行拓展與深化，在思想與實踐方面仍應該有所分辨，以期更好地理解不同系統的佛教生命觀念及其對應的生命教育進路，從而收到見樹見林之效。本文扣緊佛教的生命觀點、生死超克、生命意義、生活實踐這幾個議題，順著佛教思想發展的脈絡，紹介與探索佛教所能提供的豐富與精深的生命教育資源。

貳　佛教的生命觀

佛教最初置身於西元前五、六世紀時期的印度宗教文化背景，對印度宗教的業力說與輪迴觀有所繼承與發展，提出其生命思維與解脫方案。現代人類基本上依靠意識層面的觀察與推理來獲得對宇宙人生的知識，從佛教立場來看，如此所得的知識只能涵蓋一

部分範圍，如同冰山浮現的一角。古印度人不只通過意識推理活動來知覺人生與世界，還憑藉由禪定所生發的超凡認識能力（神通）以掌握有關生命的真理。他們觀見人類非僅止這一世的存在，尚有前世、後世，前世、後世更有其前世與後世，是不停息的生命之流，不斷地經歷死亡與再生。另外，在各世之間的轉生並非侷限於人類與人類之間，佛教將具有情識活動的生命存在稱為「有情」或「眾生」，從低至高排列包括地獄、畜生、鬼、阿修羅、人、天六道的轉世去處，人在生命結束後會轉生到六道之中的某一道。一個有情將輪迴至何道取決於死亡當時總體業力的構成情形，看再生於哪一道的業力取得優勢。

　　「業」（karman）是行為的意思，業力意謂從事善惡行為之後所留下來的潛在力能，時節因緣成熟之時便會引生相應的生命存在果報，善因得樂果，惡因得苦果。佛教主張每個有情只要在生命活動當中出於貪欲、瞋恚、愚癡三類煩惱的驅動所施作的行為，便會形成招感再生的業力，除非是將業力完全淨除，否則生命會無止盡地輪轉存續下去；欲想消解業力，就要袪除作為業力根源的煩惱。依照佛教學說，有情生命的實況就如同一個永不停止的迴圈，一世一世地經歷出生、成長、老死的循環，死後再依未感果之業力集合的總體善惡構成，導引到六道中的特定一道去轉世。在某一世的生命存在境遇好壞，也由過去世的業力與現世的業行所綜合決定，可說是動態的業力觀，有別於主張純由前世業力決定今世遭遇的宿命論。部分業力在今生即因緣成熟現起果報，有些業力要待來生才會感報，還有業力是在更後世始實現其影響作用。這種動態業力觀有其積極實踐意涵，今世的行為對現在和未來的生命境況正發揮著影響力，每個人的命運追根究柢是掌握在自己手中。

參　循序漸進的生命教育

　　初期佛教的終極實踐目標是解脫生死，但真正在追求這個目

標的群體是出家修行的少眾佛門菁英,還有過著世俗生活的多眾在家群體,釋尊適應不同對象採取不同的生命教育內容。對於在家居士來說,仍在追求世俗性的欲樂生活,尚缺乏了知無我的智慧潛能,佛陀向他們教導的是獲致今世和來世安樂的因果觀念與善行實踐,尋求天界與人界的善道轉生。概括而言,是布施、持戒、生天(慈、悲、喜、捨)的善法,這些實踐方法有利於心靈良善的提升,本是世間共通的善行,佛陀認可而借用它們。布施側重物質性財物的施捨,對象是出家修行者與貧苦無依者,藉以消除慳貪的心理,以期累積善業福德,為今世與來世帶來安樂的生活。持戒的主要內涵是持守不殺生、不偷盜、不邪淫、不妄語、不飲酒五戒,保有端正的人生態度,以避免因造作惡行、傷害有情而於來生墮入餓鬼、畜生、地獄三惡道。生天法即是「四無量心」——慈、悲、喜、捨,在婆羅門教是作為往生天界的修行方法,佛教用來擴充生命人格,期望自己能夠給予一切有情安樂,拔除他們的所有苦痛,見到他人行善而能生歡喜心,還有平等地對待一切眾生,並且進行觀想使這種心量達到廣闊無邊。

更積極的善法是十善行,相較於五戒偏向消極不犯的禁制精神,十善所重視者是積極性的善法表現,確切意義是惡行的反向行動,不殺生意味著護生,不偷盜意指能布施,不邪淫意指修梵行(完全斷欲的聖潔生活),不妄語重在說真實語,不兩舌是說使人和合之語,不惡口是說柔軟悅耳之語,不綺語意謂說有意義的話語,無貪、無瞋、無癡三項是努力使煩惱心不生起。憑藉十善行的正向善法實踐,累積大量福德,死後得以轉生欲界天,享受遠勝過人道的美好快樂生活。佛教將天道分為欲界、色界、無色界三個層次,欲界天是還帶有慾望的天界,其餘二界是深入禪定者所轉生,已經用禪定力抑制了慾望,然而,即使再生於天道仍未解脫生死,於壽命結束之時依然要根據業力輪轉六道。十善法可以提升生命人格,使心靈達到高度的良善狀態,但因仍具有對生命存在的執取,無法真正擺脫六道輪迴。

　　初期佛教達到人格精神完善的途徑是先運用人天善法以提升道德人格與智慧潛能，等到心靈變得良善之後，佛陀開始教導世間無常、人生是苦、不可主宰等觀念，幫助聽法者卸下對塵世的欲求心理。當他們對這樣的人生道理有所肯認，表示聽聞出世法的根器趨於成熟，佛陀就會講說四諦、十二因緣等深層法義，指引生死解脫的佛法修學。總體而言，佛陀的教法涵蓋世間與出世間二個層面的生命教育，以世間法作為出世間法的基礎，先學會做好一個良善的人，進而朝向生死解脫邁進。

肆　四聖諦的生命真理

　　初期佛教立基於前述業力與輪迴的觀點，對人類生命存在抱持較為消極的看法，宗教實踐的最高目的置放在生死輪迴的解脫，追求阿羅漢果位的體證。阿羅漢果是初期佛教修行者的最高體證境地，他們已經斷盡了貪、瞋、癡的一切煩惱，不再繼續落入輪迴轉世的生死循環。「四聖諦」是他們觀照人類生命情態與解決生死問題的中心真理。

　　相傳釋尊在成佛前，身分為悉達多太子，在宮殿中過著優渥的欲樂生活，可是埋藏於意識深層的智慧潛能蠢發萌動，要求父王允許他到國內四處遊覽。父王於是下令清除道路上一切表現人生苦痛的事物，想讓他看到世界是那麼的美好，以避免他產生出世的心理。然而百密一疏，太子出東門見到一個佝僂難行的老人，他於是問車夫那是什麼，車夫回話說是老人。天生聰慧的太子立即在心中聯想到自己有朝一日終會成為老人，感到悶悶不樂，回宮去了。一日又出南門，見到一個痛苦呻吟的病人，太子當然想到自身也無法免除病痛。某日出西門，看到死人出殯的行列，送葬者悲傷痛哭，太子知道自己必然死去。後來在北門見到一位出家修行者，散發出喜悅的容光，太子反思這才是生命的真正出口。這就是著名的「四門遊觀」故事，隱喻著人類現實生命的實情與出路。人生苦樂相

雜，苦多樂少，佛教並非偏執地觀看老、病、死的苦痛一面，而意在揭示在人類追求快樂的逃避心理底下，存在著必須直面的生命苦痛事實，願意面對生命之苦始得探索出一條真實的生死超克之道。

初期佛教開出「四聖諦」的生命真理，針對生命的流轉與解脫提出四個層面的真實觀照。這些真理是由聖者覺證而說出的，並具有超越凡俗的神聖意涵，所以稱之為聖諦。「苦諦」與「集諦」說明生命流轉的實情及其原因。「苦」指向生命存在的闕欠、不完滿，可分為三類：苦苦、壞苦、行苦，分別對應於苦、樂、不苦不樂三種感覺。「苦苦」是因苦的感受而生，也就是常為人知的八苦：生、老、病、死、與親愛者別離、與仇怨者會遇、所求不能獲得、具五取蘊的苦（擁有身心個體而起的諸苦）。「壞苦」是由樂的感受所引發的苦，快樂的感覺是短暫無常，人們想要持續保有快樂，卻因快樂的迅速消逝而產生不完滿心理。「行苦」的「行」指因緣和合的有為法（現象事物），即使是處在不苦不樂的感受，也難免因為覺察一切現象萬物的遷流不息，而有發自內心的莫可名狀的不完滿苦悶。人類想望圓滿，但只要具備身心個體的生命存在，便無法避免不完滿的存在感。接受了苦諦，進一步追究其原因，「集諦」是說明苦因的真理，苦源自於有情身心個體的繼續存在，而生命存在由業力所招感，業力因煩惱心理所驅動的行為而累積，所以苦的原因可化約為貪、瞋、癡三類煩惱，佛教稱之為「三毒」。

「滅諦」與「道諦」說明生死輪轉的解脫境地與修行方法，是出世間的果與因。相對於苦的生命存在處境，「滅諦」意指止滅一切苦之後的安樂境地——涅槃，這並不是世間層次的相對性快樂，而是超越一切苦與樂之徹底離苦的寂靜清涼狀態，不再有苦的感受及煩惱的擾動。要想達到諸苦的止滅，就必須修學「道諦」，講述到達苦滅涅槃的真實修行道路，藉以滅除苦的原因。正確修行方法可用「八正道」加以概括：正見（正確的知見）、正思維（正確的思維或意向）、正語（正確的言語方式）、正命（正確的謀生方

式）、正業（正確的行為方式）、正精進（正確的努力少修行）、正念（正確的專注訓練）、正定（正確的禪定攝心）。「八正道」可收攝為戒、定、慧三種修學：正見、正思維是慧學；正語、正業、正命屬戒學；正念、正定為定學；正精進則通於三學。先用慧學來導引實踐，引向真實的修行理想；然後以戒學來端正行為，避免因犯過追悔心理而妨礙禪定的進入；接著，用定學來使內心達到高度專注，靜定的心靈狀態特具開顯智慧的領悟力；最後運用定心完成智慧的觀照與體證。通過戒、定、慧三學實踐滅去一切煩惱，也就是消除苦的原因，獲得人生自在，解決生死問題，體證安樂涅槃。

伍 十二因緣的生命歷程

初期佛教「緣起說」的內涵是扣著「十二因緣」而說，可對其進行順觀與逆觀，論說生命流轉的連鎖歷程，找出生死存在的根源問題，從而滅除生死原因而證得生死解脫。釋尊在菩提下觀照生命真理，先做有關生死流轉的逆觀思維：人為何會有老死？因為有出生（生）。何以會出生？因為有招引生命存在的業力（有）。業力從何而來？出於對生命存在的執取（取）而造作業行。依序而推，執取因貪愛（愛）而生；貪愛因愉悅感覺（受）而起；感覺因感官、對象、心識三者的相合（觸）發生認識而來；觸的產生須具備感官（六入）、物質面與心理面的認識對象（名色），以及認識的心識主體（識）；識會持續存在是因為有煩惱行為的業力（行）在支撐；能招感生死的行為由對真理的無知（無明）所驅動。如此，順著生死流轉的歷程展開的十二因緣是：無明→行→識→名色→六入→觸→受→愛→取→有→生→老死。翻轉這個歷程的生死解脫方向是：無明滅則行滅，行滅則識滅，……有滅則生滅；生滅則老死滅。佛陀在對緣起的觀照當中找到生死流轉的根本原因是無明和貪愛，只要能夠消除這二種煩惱，便能截斷十二因緣的無窮生死連

鎖。

最爲根源性的煩惱是「無明」，也就是對眞理的無知，以致對自身與世界是產生永恆實在的執著，從而派生出一般常說的貪欲、瞋恚、愚癡煩惱。初期佛教緊扣著人類身心個體存在而論說「五蘊無我」的眞理，世人對於自己的身心個體無中生有地執取一個「自我」（永恆不滅的精神實體），因而產生「我執」，發起煩惱而推動行爲，留下業力致使轉生不息。佛陀透過其超凡智力洞察到人類是由物質（色）、感覺（受）、思想（想）、意志（行）、心識（識）五種物質面與心理面的要素所構成，生命現象就是這五類要素結合運作的結果，其間完全不存在一個「自我」，自我不過是有情虛妄形構出來的一個概念，卻回過頭來對它執取不捨，執著自我，執著屬於自我的種種事物，衍生種種生命的問題。解決生命問題的根本方法是體悟智慧，了知有情並無實在的自我，消解執著，即可滅盡煩惱，證得解脫涅槃，不再輪迴生死。

陸　大乘般若的生命境界

初期佛教視人生爲苦，修證的目標聚焦於獲證生死解脫，出家修行者只是隨緣開示他人，缺乏積極入世以利濟有情的慈悲寬廣襟懷，總讓人有教義不夠圓滿之感。大乘佛法擴充佛法實踐的範圍，典範人物由阿羅漢轉向「菩薩」（志求覺悟的有情），以自覺、覺他、覺行圓滿的無上佛果精神境界作爲修行理想，要求菩提心、慈悲心、般若智等各方面的精神人格圓滿。菩提心的意義是眞誠發起成佛的心，樂觀正面地看待人類的生命存在，不只尋求自我的覺悟與解脫，也致力於無數有情的生命救濟，並在兩方面都誓願能夠圓滿成就。慈悲心是以一切有情爲對象的與樂拔苦的廣大實踐，支撐長久處在生死世界的菩薩踐行而不追求獨自證入涅槃。最重要的是般若智慧，所有大乘法門都要在與般若智的結合之下，才能成爲廣闊無邊的無執實踐，轉化爲導向無上圓滿佛果的「波羅蜜」（達到

究竟完成的方法）。大乘佛教所倡議的生命境界，是以無執著心投入一切有利人群的善法行動，朝向自我、人類與世界的完全淨化。

　　初期佛教的智慧內涵是體悟「五蘊無我」以實現生死解脫，大乘佛法的般若智慧進一步觀照「五蘊皆空」，色、受、想、行、識五種身心構成要素都是因緣和合的，不具永恆不滅的性質（自性），如此，既不會執取個人自體爲實有，也不會爲世間事物所障礙，能超克生老病死的恐懼，得以生生世世自在無礙地進入生死世間從事自他兩利的菩薩行，在利濟實踐當中拓展自身的覺悟，最後達到自覺覺他的究竟圓滿。不再像初期佛教那樣將生死與涅槃對立起來，厭棄生死，追求涅槃，大乘的般若空慧對生死與涅槃二邊都不予執取，身在世間而不執取塵世萬法，也不求證入遺世獨立的解脫涅槃，是一種超越生死與涅槃的「無住涅槃」精神境界。這種智慧心靈並非空寂意境，更要求誓願、慈悲、忍辱、禪定等精神品質的具足，因此，在修證歷程上必須各種菩薩法門並行開發，最終使種種修行功德融通爲一體，心無所住而能任運自然地發揮它們的功用。

　　大乘佛教的生命意義在於以生命實踐來完成自己與救度他人。般若空慧在生命意義與生活實踐面向具備重要的價值，人類對病痛和死亡的懼怕，及生活中種種苦痛的致發原因，在於實有的執取。當吾人將生命現象執取爲眞實，將世間事物執取爲實有，便會患得患失，心靈不得自在。以般若空慧消融執著，不執著世間，不厭棄生死，獻身於自覺與覺人，得於生死無憂無懼，生活安樂自在。

柒　阿賴耶識的輪迴主體

　　佛教接受因果論，又宣揚無我說，兩者之間存在著某種矛盾，既然主張無我，沒有常在不滅的精神實體，如何安立承載業力的輪迴主體？從初期佛教一直到般若學說興起，都沒有適切解決

輪迴主體的問題。部派佛教時期雖然某些聲聞部派嘗試提出輪迴主體的概念，或是容易再落入實有見的危險，或是理論不夠完善，在般若空義的基礎上，大乘唯識學派發展出來的阿賴耶識學說可以有效解決問題。唯識學派將業力用「種子」的形象比喻來表述，前七識的煩惱活動結果都會形成種子含藏於第八阿賴耶識中，第八識就是所有未實現業力的承載者，當因緣條件具足時，某個種子便會現起活動，也就是業力的實現，之後又形成種子回熏到第八識中。如此，有情死後將輪轉於哪一道，生命存在過程中會有什麼樣的好壞遭遇，都取決第八識種子的總體構成狀態。

　　阿賴耶識說並未悖離緣起性空的佛法原理，第八識中的業力種子都是緣生緣滅的，不具固定不變的性質，才能因緣和合而現起活動，活動之後又以別於先前種子的形態回藏於第八識。阿賴耶識的內容時時刻刻無不處在變動當中，本身是緣起無自性，也就是空性。以阿賴耶識作為輪迴的主體，當生命結束之際，此識與這一生的色身分離，再與下一世的色身結合，未實現的業力也藉此由一世過渡到另一世。人類的身心個體與生存環境都由阿賴耶識的種子變現生成，因此一切萬法是「唯識所現」，屬於因緣和合的暫時存在（假有），不存在外在的實有現象事物，阿賴耶識亦非永恆不滅的精神體，由此領悟而不執著外在世界，也不將阿賴耶識錯誤地執取為內在的真實自我。

　　唯識學派的種子學說具有重要的生命教育意義，種子可分為清淨種子與染汙種子二類，實踐善法與修學佛法會回熏清淨種子，由煩惱主導的惡業將回熏染汙種子，心靈的染淨狀態就由總體種子的構造所決定。因此，吾人應當經常發起良善的意念與行動，增長清淨種子，減少染汙種子，以淨化精神品質與提升生命人格。更進一步，由對「唯識無境」的義理領會，放下對自我與現象事物的執取，精進投入轉染成淨的菩薩道，達到心靈的徹底淨化與圓滿。總體而言，唯識學與佛教空性的義理可以融通，更詳細解說有情與世

界的現象存在形式，有助於認識吾人的生命現象與心理活動，由此過一種有意義的修行人生，將染汙因子轉化爲清淨因子，不斷提升心靈品質。

捌　佛性思想的成佛信心

簡單的說，佛性思想主張每個有情都本來具足清淨的佛性，智慧能力與功德作用都是圓滿的，只是被外來的煩惱染汙所遮蔽，以致不能自我覺知，受到煩惱牽引而表現出凡俗生命。也就是說，吾人本具圓滿清淨的生命潛質，應該致力將其顯豁出來。如此的說法，是否容易落入實有見，違反佛教的空性原理？完善的佛性理論說明佛性具備空與不空二個面向，佛性不是虛無的，含具一切智慧功德；佛性也非實有不變的，必須通過空觀消解執著始能照顯。佛教認爲佛性的內涵不可思議，無法依憑語言文字與理性思維說明清楚及眞正掌握，有待正確實踐的親身體悟。無論如何，佛性的重要意義在於呈顯各個有情的成佛根據，在吾人的凡俗生命當中本具佛性的尊貴性與圓足性，不該妄自菲薄，應當生起成佛的自信，推動菩薩行的寬廣生命修學。不論是初期佛教、般若學還是唯識學，都未提供成佛的內在根據，在修行艱難的情境下，容易放棄大乘菩薩道的利他實踐，佛性說則有助於堅定成佛的信念，支持實踐困頓的度越。

佛性爲有情生命賦予神聖的意涵，包括人類在內的一切動物都具有佛性，雖然在現象上有智愚高低的差別，智慧功德不因煩惱染汙的外顯而有所減損，人類不應看輕自己生命存在的意義與價值，同時也應當尊重其他有情的生命尊貴性，透過精進的佛法實踐在生命活動當中去除煩惱惑障以豁顯清淨佛性，並由佛性遍在領會萬物一體的總體生命，成就自己與一切有情。

玖　結語

　　本文論說初期佛教與大乘佛教的生命觀，並據此帶出其生命教育進路。佛教各派共同接受業力觀與輪迴說，以說明有情在六道輪轉的原理與情景。初期佛教視生命存在為苦，修行目標在於解脫生死，強調以戒、定、慧三學滅除煩惱，體證安樂涅槃。在這樣的思維下，生命存在最大的意義是支持解脫生死的修行活動。大乘佛教強調以菩提心與慈悲心支撐久遠的菩薩實踐，般若學以生命存在現象為緣起性空，領悟究竟空義能夠超越生死與涅槃二邊，長期在生死世界自在無執地從事自覺覺他的菩薩行。唯識學派提出阿賴耶識的教理，以不違空義的方式論述輪迴主體，其清淨和染汙二類種子對淨化生命人格極具啓發意義，生命修學就是轉染成淨的不斷精進努力。佛性思想為有情生命賦與神聖意涵，有助發起成佛信心，推動菩薩實踐，追求自己與一切有情的整體生命淨化。綜而言之，從初期佛教發展到大乘佛教，要求實踐者正視生命存在的正面價值，在世世的生命中修學善法與提升智慧，無止盡地向上，最終達到精神人格的圓滿。

問題與反思

一、佛教的基本生命觀與解決生命問題之道為何？

二、初期佛教與大乘佛教對生命的價值如何看待？

三、佛教關於達到精神圓滿的生命教育提出何種次第性的教導？

四、佛性思想對尊重生命提供何種啓示作用？

延伸閱讀

海波（2008）。**佛說死亡 —— 死亡學視野中的中國佛教死亡觀研究**。西安：陝西人民出版社。

陳兵（1995）。**生與死的超越 —— 破解生死之謎**。臺北：圓明。

釋印順（2000）。**成佛之道（增注本）**。臺北：正聞。

釋聖嚴（2002）。**正信的佛教**。臺北：法鼓文化。

釋聖嚴（2002）。**學佛群疑**。臺北：法鼓文化。

釋慧開（2014）。**生命是一種連續函數**。臺北：香海文化。

第六章

論基督宗教觀點對生命教育的啓示

鄒川雄

摘要

本文的主旨在於闡明基督宗教信仰的生命觀，以及探索它對於今日生命教育的重大啟發意義。本文首先闡明作為終極關懷的宗教信仰是生命教育的核心成分；其次描述基督宗教信仰的基本觀點；最後從五大面向（智慧設計的宇宙、生命是恩典、翻轉世俗價值觀、以同理心為基礎的愛及聖經比喻故事）來探討耶穌與基督教的生命觀對生命教育的重大啟發。

> 我來了，是要叫人得生命，並且得的更豐盛。（約翰福音，10:10）

> 你們必曉得真理，真理必叫你們得以自由。（約翰福音，8:32）

壹 前言：宗教信仰作為生命教育的核心成分

要探討基督宗教觀點的生命教育前，我們首先需梳理「宗教信仰」在人生中基本定位，以及它在生命教育中所可能扮演的角色。

進入科學昌明的二十一世紀，許多人都預期宗教信仰將會衰微。然而證據顯示實情正好相反，不僅僅宗教復興方興未艾，新興宗教崛起，而且各種靈性追求與靈性復興運動，與日俱增，這在在證明了宗教信仰對人類發展不可或缺，不因時代的改變而有所不同。

就宗教信仰在生命教育中所可能扮演的角色而言。首先界定「生命教育」。生命教育本身的基本內涵為何？最具典範性的說法是孫效智教授所言的「人生三問」：人生最根本的三個問題即是生命教育的共通問題：「我為什麼活著？」「我該怎麼活？」「我又

如何能活出該活出的生命？」基於人生三問的問題意識，可以各自發展出三個獨立的生命學問：(1)終極關懷與實踐；(2)倫理思考及反省；(3)人格統整與靈性發展[1]。若從較爲擴散性的角度著眼，宗教信仰幾乎涉及上述人生三問的各個方面，它當然關心終極意義與生死問題，提供一套具規範性價值的倫理信條，也提供一套成聖成賢的靈性發展之道。然而，若從較爲聚焦的觀點言之，宗教信仰主要提供生命教育比較核心的問題，也就是關於生命的「終極關懷與實踐」這一課題，換言之，就是「我爲什麼活著？」這個人生終極意義的問題。其實，一個人如果在生命歷程中提出這個問題，不論是在任何時刻或任何場合，事實上他都已經碰觸到了宗教信仰議題，儘管他不見得要接觸任何具體有形的宗教，或使用某一特定的宗教語言來表述這個問題。

　　由以上討論得知，凡是涉及終極意義與終極關懷之追尋的事物，就屬於宗教信仰的範疇，而這個終極關懷，正是孫效智所言的生命教育頭號課題，也是生命教育最核心的環節。事實上，如果忽略或抹去了終極關懷的討論，生命教育很有可能會喪失其核心價值，而最後可能會淪爲一種面對生命情境的「調適策略」或種種可能的「處事智慧」。換言之，在缺少信仰的關照下，生命中的大哉問——「爲什」麼（Why）的問題就被其他細瑣的所謂「如何」（How）的問題所取代。這也許正是今日生命教育可能面臨的困境。生命教育當然也關懷這些日常生活「如何」的問題；例如：「生活如何管理」、「倫理如何判斷」、「如何進行生涯抉擇」、「人際如何互動」、「自殺與憂鬱症如何防治」，乃至於「如何進行臨終關懷」等。然而這些問題追根究柢必然會追溯到終極意義的問題。換言之，正是這個終極意義問題決定了我們日常的實踐問題要「如何」進行。

　　宗教信仰對生命教育具有重大意義。信仰所涉及的是「終極價值的委身或承諾」（commitment），它不僅僅涉及每個生命實踐的認知層面，還包含情感、意志與行動層面，貫穿身心靈的各個層

面。質言之，信仰是生命教育的核心，它會防止我們將生命教育最終只化約成一種面對問題的「身心調適的策略與作為」。當然，我們的意思並不是指每個人一定要有宗教信仰，才能開展有意義的人生，也不是認定唯有涵蓋宗教信仰在內的生命教育，才是正當合法的生命教育。我們的主張毋寧是，探討生命教育必然需要處理終極關懷與終極意義的問題，這是核心議題，無法迴避。

　　既然宗教信仰如此重要，從生命教育的角度，我們要如何解析任何一個宗教信仰體系呢？這個問題是本文一個重要出發點。

　　觀察世界所有重要的宗教體系，可以知曉，幾乎所有的宗教信仰，均會從以下與終極關懷有關的「生命置疑架構」（life problematique framework）開始談起。諸如「我是誰？」「我從何處來？」「我最終歸往何處？」「我生命的終極意義為何？」「生命是不是永恆？靈魂呢？」「發生在我周遭的一切是偶然的，還是有意義的？」等等。

　　世界各大宗教均對上述這個生命置疑架構提出一套系統化的解釋，並因此產生自己的教義、組織、儀式，以及具體的生活實踐模式。通過宗教信仰的論述與實踐，人的生命價值與意義獲得定位，人在宇宙、自我與社會集體生命發展的歷程，也獲得定位與闡明。接下來，我們可以開始闡明基督宗教的基本生命置疑架構。

貳　基督宗教信仰的基本觀點（生命置疑架構）：一個概觀

　　基督宗教早已是人類文明（尤其是西方文明）最重要的組成部分，事實上，它的基本觀點對於形塑今日世界的價值觀與生命觀具有重大的作用。以下，我們將以八個命題來形塑基督教有關於終極關懷的生命置疑架構，並形成它獨有的世界觀與生命觀。

　　一、這個世界有一位獨一真神──上帝，祂基於自身的權柄、目的與愛，創造了具有秩序的宇宙與世界，這個過程中也創造了人類。

二、人在受造物中十分獨特，具有上帝的形象與樣式，具有道德、自尊與自由意志，他成為世界的看守者，具備行善與創造發明的能力，但同時也具備了犯罪為惡的能力。

三、人最終犯罪與墮落了，當罪惡進入這個世界，人與上帝分離，人類沉淪了。他被罪惡、苦難與死亡所挾制，人偏離了真理的道路，喪失了真正的豐盛生命與自由。

四、上帝愛他所造之人，不願他永遠沉淪。就派遣他的獨生子（耶穌）來到人間，祂以人的樣式（道成肉身）與世人同在，並按神的計畫最終被釘死在十字架上，並於三日後從死裡復活。耶穌的死成為人類的贖罪祭，而祂的復活卻成為解救人類脫離罪惡，應許人類美好國度的盼望與保證。

五、十字架的贖罪祭，替代了人的罪，也讓人類與上帝和好，人「因信稱義」而得救贖，具有神兒子的身分，這是白白的恩典。人因此勝過了這個世界。耶穌反轉世界的法則，祂戰勝了世俗的律法與罪惡、戰勝了世間的苦難與死亡。

六、按上帝的旨意，信徒透過聖靈的幫助，得以重生得救，並成為一個新造的人，從此，信徒的生命與上帝的生命相連，透過禱告、祈求與聖潔的生活，與上帝發展親密的關係。上帝在每個人的生命中安排了美好的計畫，信徒按上帝的使命而活，並從此可以進入一個自由且豐盛的生命歷程中。

七、耶穌的信徒在世有兩大使命，除了盡心盡意愛上帝外，最重要的使命就是要「愛人如己」，不僅僅是對自己認識的親朋好友，對不認識的外邦人，甚至對仇敵也都應該以愛對待他們。除此之外，耶穌的信徒應在世上建立教會（愛的共同體），傳揚上帝的福音與愛。

八、信徒會對未來充滿盼望，因為上帝透過耶穌的復活，顯明了祂的大能，祂允諾信徒在離世後，或在世界的末了時，

　　　　所有真正的信徒將進入永恆的天國，與上帝同在，享有永
　　　　生。

　　事實上，上述所言基督教的生命置疑架構，它構成了一個完
整的系統，具體回應了我們對生命終極關懷所提出的永恆問題，並
以一個令人悸動的生命故事呈現出來，而這個故事就是上帝傳達的
「福音」（好消息）。這對於生命教育具有重大價值。

　　接下來，我們可以用第一人稱的口吻，來重新表述這個基督教
的福音。

　　我，作為人類一分子，不是偶然間被拋入這個世界微不足道的
存有，而是在上帝永恆計畫中被創造出來的。我因祂神聖的形象與
樣式而被造，具有無比的尊貴與自由，具有完全的人格與獨一無二
的個性與靈魂。

　　儘管作為人類，我仍有七情六慾，自私軟弱，也常常犯錯，以
至於犯罪。有時甚至以為這個世界就是個罪惡的國度，充滿苦難與
不公，看不見希望與盼望。在這個國度中，我們每個人似乎只能以
有限人生苟延殘喘地活在世上，死後一切歸於虛無。

　　有一個好消息出現了。創造天地宇宙萬物的上帝，祂無條件的
愛我，祂不會捨棄我撇下我，事實上祂全然地理解我，知道我的軟
弱與痛苦。祂派遣祂的獨生子耶穌，降卑為人來到世間，與我們共
同生活，所有喜樂憤怒、痛苦悲傷，都與我們共感共嘗。祂為我們
人類樹立了生命的榜樣，但這個道成肉身的耶穌，最終不見容於人
類，而被釘死在十字架上。

　　我知道祂是為我而死，祂在十字架上替代了我的罪，使我的罪
得以被赦免，使我得救贖。這是個白白的恩典，不因為我曾經做過
什麼，或不同身分而有所不同。當我接受並承認祂是我的救主，來
到祂的面前悔改，就會重生得救，我會被賜予一個新的身分──作
為神「兒子的身分」，將來在神的永生國度中有份。因此我以新的
生命為上帝而活，祂已讓我脫離罪惡、苦難與死亡的挾制，可以開
創自由與豐盛的生命。

從上述的福音故事，我們可以獲得何種啓發？他到底凸顯了何種生命觀呢？對生命教育而言，這又有何重大意義呢？

參 耶穌與基督教的生命觀對生命教育的重大啓發

以下，我們將分別從五個面向來說明：基督教的福音故事對於生命教育可能帶來的啓發意義。

一、智慧設計的宇宙觀體現了生命的莊嚴與意義

從生命教育所涉及的宇宙觀與世界觀方面，基督教提供了一個令我們值得深思的觀點：一種充滿智慧設計與意義的宇宙觀。眾所周知，今日對於宇宙與世界如何構成的想法，主要是承繼牛頓物理學所開展出來的數學機械式的宇宙，再佐以達爾文的進化論觀點，這是一種科學唯物的世界觀。在這個世界觀下，宇宙的生成並非由一個有智慧的設計者所設計，而是交給機率及偶然因素所決定。而所謂生命乃是在無目的浩瀚宇宙中隨機碰撞演化而成。創造論與演化論的爭議，在科學界顯然偏向後者，不只是物理學與生物學，這樣的觀點當然也影響了現代醫學、社會科學與人文學科。

然而自二十世紀以來，上述的情況有了變化。相對論、量子力學、宇宙大爆炸、人擇原理等，促使著科學家們不再視科學唯物世界觀爲唯一合理合法的觀點。在這裡，基督教所強調的創造設計論，與近一個世紀以來的科學研究，有高度的親和性。

事實上，基督教自始至終相信宇宙及生命均是智慧設計的成果，具有高度的莊嚴性。宇宙不只是機械式的、冷漠的或偶然隨機的存在，而是一個有智慧設計的產物。我們可以在宇宙、世界與自然中處處看見生命設計的美妙，看見生命智慧的驚奇，這對於生命教育有重大啓發意義。

正如當代量子力學的開山祖師馬克斯・普朗克（Max Plank）曾言：

> 身為將一生投注於最清晰敏銳的科學，進行物質研究之人，根據我對原子的研究，我可以告訴你：所謂的物質並不存在！所有物質的源起與存在，僅是一股力量所致，這股力量使原子粒子聚集在一起，產生震動，使這個最微小的原子星系得以成形……我們必須假設在力量之後，存在著一個具有意識與智慧的心智。這個心智就是一切萬物的母體。

（馬克斯‧普朗克，1944於佛羅倫斯演講）

有許多人認為現代科學研究是「反生命教育的」，或者說是「與生命教育無關的」。然而事實上，許多當代前沿的科學研究，可以讓我們對生命的意義與運作，有更深一層的認識。量子力學只是其中一個例證，尤其這些例證可以有利地支持或闡發基督教長期以來所堅持的宇宙觀。這對於生命教育與當代科學研究，均可以產生相互參照的作用。換言之，基督教與當代科學所共同體現的生命莊嚴性，值得生命教育的教學者深思。這裡不僅僅促進科學與宗教的對話，更是促進學科知識與生命教育的對話。

二、一種奇特的生命視野：生命是一種恩典、獨一無二的禮物

不僅看似死寂的宇宙與偶然迸發的生命，本身充滿了上帝設計的智慧與莊嚴，在受造物中，還產生一個獨特的生命物種──人類。人類在宇宙中具有獨一無二的位置，他與其他的受造物不同，具有上帝的形象與樣式。換言之，在上帝眼中，每個靈魂均具有獨一無二的價值，有其道德、尊嚴與自由意志，這促使我們必須對他人生命給予絕對的尊重，而這正是當代我們談論生命教育的重要起點。

人類受造的獨特地位，可以導出一個極為重要的生命教育觀點，那就是「生命本身就是一種恩典、一種禮物。」因為人類生命本身並非沒來由地、無目的地隨機演化而成，而是基於智慧母體

（上帝）的永恆創造與設計。我們沒有做什麼，就可無條件地憑空享有生命，以及環繞於生命中的所有事物。這就是恩典。

從基督教的基本教義來看，這個恩典實際上有兩個層次，第一個層次是：上帝按祂形象造人，給人自由意志、道德與尊嚴，並具有管理這個世界的權柄，祂讓我們每個人可以享有這個世界豐富的供應，並讓我們可以選擇及展現豐富多元且獨一無二的生命樣態。這是何等大的恩典！當然，正因爲我們被賦予了自由意志，這也就暗藏著人類具備犯罪的潛能；換言之，人類因自由意志這個恩典，變成喪失自由，掉入罪惡的轄制之中。

正是在這裡，我們看見了基督教十字架救恩的眞正意義，也就是上帝賜與人第二層次的恩典，透過道成肉身的耶穌，在十字架上替代人的罪，將人類從罪惡網羅中解救出來，獲致屬靈的永恆生命。這又是何等大的恩典。

第一個恩典，上帝賜與我們「亞當的生命」，讓我們可以以萬物之靈的身分管理這個世界，並徜徉在上帝所造的現實世界中，享受它的美好；至於第二個恩典，上帝要賜與我們「耶穌的生命」，讓我們可以跳脫律法與罪惡的束縛，勝過苦難及死亡，並獲得豐富、自由的新生命。

不論是來自普遍啓示的第一層次恩典，還是來自特殊啓示的二層次恩典，均顯示出人類是上帝眼中的至寶，祂白白將生命賜給我們（不論是肉體的生命，還是精神的生命），即使是犧牲祂的獨生子也在所不惜，這又是何等的大愛呢！

從生命教育的角度出發，基督教將生命視爲上帝的恩典，具有重要價值，它讓我們永遠以謙卑感恩的心面對生命中所遭遇的一切，讓我們翻轉看待世界與他人的角度與方法，並賦予生活與生命經驗更深的意義。因爲生命的努力、奮鬥、掙扎、磨難與所有歷程，在上帝眼光中，都有永恆的意義。從永恆的眼光來看，這些歷程都是一個禮物、一種祝福（有人稱之爲「上帝化過妝的祝福」），它對於靈魂與生命的建造，都具有無上的價值。

三、耶穌翻轉世俗世界的價值觀，讓我們看見生命的永恆真諦

　　坦白說，就其早期基督教觀點而言，基督教是十分基進的（radical）。耶穌所帶來的福音，與當時流行的宗教觀念顯然有所不同。耶穌批判當時的宗教領袖，正顯示出祂要與一般宗教傳統模式，劃清界線。而基督教所傳達的十字架眞理，又與一般世俗的價值體系背道而馳。事實上，人類自始至終都很難去接受一個受苦的上帝，一個沒有榮耀冠冕的上帝。耶穌以如此卑微的形象出現在世人中間，著實跌破大家的眼鏡。

　　到底耶穌帶來的是怎樣的福音呢？有何與衆不同呢？當耶穌說：「天國近了，你們應當悔改！」要悔改什麼呢？有人說，我不偷也不搶，我要悔改什麼？也有人說，我只是追求一己的幸福，我也需要悔改嗎？的確，站在世俗的道德或價值標準，這種質疑實在太正常了。然而我們仍然要問，耶穌的福音到底是什麼？

　　事實上，耶穌反轉了世俗的道德與價值。在著名的登山寶訓中，耶穌提及了天國的八福[2]，也就是歌頌八種人（貧窮的人、哀慟的人、溫柔的人、飢渴慕義的人、憐恤的人、清心的人、使人和睦的人，以及爲義受逼迫的人）是有福的，它徹底翻轉了世俗所欲追求的「福」的定義。因爲耶穌在這裡提及了我們逃避都來不及的八種可能的「災禍」。

　　對照這八福，我們可以來看看世俗的心態與價值觀。我們追求財富，討厭貧窮；我們追逐歡樂，遠避哀慟；我們歌頌強者，貶低柔弱；我們想滿足情慾與食慾，而對正義不聞不問；我們崇拜得勝的英雄，卻很少憐恤失敗的弱者；我們嘉許思路繁密之人，卻嘲笑那些天眞單純的人；我們常爲族群、團體或國家相互爭奪，卻對尋求和睦的心態嗤之以鼻，因爲那是示弱；最後，要我們站在正義的一方已實屬不易，但若爲此還要受到逼迫或損傷，那就是不智的行爲了。

　　正是在這八福中，耶穌讓我們看見了天國的眞理，完全不同

於世俗的眞理。事實上，這八種福（世人以爲是禍），不僅可以說明我們的生命處境，也可以說明我們在面對特定生命處境中所追求的素養，就此而言，它對於生命教育而言，具有重大的價值。換言之，世俗的感官享樂對於靈魂的成長，並未有任何意義，只有經過一種屬靈的淬鍊，才產生永恆的價值。也就是說，儘管恩典是白白給予的，但卻不是廉價，而是無價的。

四、以「同理心」爲基礎的「愛」是生命中最核心最偉大的價值

基督教與世界其他宗教相比，特別強調「愛」的價值。聖經中有言：「如今常存的有信、有愛、有望這三樣，其中最大的是愛。」（歌林多前書，13:13）這裡所指的愛，並不僅僅指涉一般所言的親情、友情或愛情，而指向一種對於其他人（尤其是弱者或敵對者）的無私的愛，可稱之爲大愛或聖愛（agape）。耶穌曾提及人應遵守神的兩大誡命：一是「盡心盡意地愛神」；另一則是「愛人如己」。而後者與前者一樣重要。耶穌認爲，信徒唯有「彼此相愛」，世人才認出這一群是耶穌的門徒。可以想見「愛」正是基督徒的重要標誌。

聖經也提及要「愛你的鄰舍」，至於何者是你的鄰舍呢？耶穌以「撒瑪利亞人」的比喻明確指出，那個與你爲敵的族群、外邦人、不起眼的罪人等才是我們的鄰舍，才是我們要付出愛的對象。耶穌甚至直接要求他的門徒要「愛仇敵」、「爲逼迫你的人禱告」。耶穌也說，「健康的人不需要醫生，有病的人才需要醫生。」耶穌來到這個罪惡的世界，正是要拯救那些「失喪的靈魂」，他死在十字架上，正是將這個大愛完全了。正因爲如此，「愛」就成爲基督教信仰的核心價值。

以上分析可知，基督教強調「無私的愛」（愛鄰舍、愛人如己）的核心價值，這樣的觀點與想法，對於我們面對人際關係、群體之間的互動，以及在有關人類生命的殘疾、缺陷、弱勢及其他苦難議題方面有重大價值，而且在發展同理心與異族之愛方面尤其有

重大啓發意義。

在此，我們須特別分析「同理心」（empathy）在這裡的重大意義，這一點通常爲一般宗教學者所忽視，甚至也不爲大多數的聖經專家所重視。然而若站在生命教育的立場言之，同理心在耶穌教導中占核心地位，卻是一個值得特別強調的特色。基督教的「愛」事實上是以同理心爲其內在核心的。

從基督教的眼光來看，「愛」的最大敵人是什麼？是「恨」？還是「罪」？其實都不是，而是「自以爲義」。愛的眞正對立面乃是一種認爲自己或自己的族群是高人一等的心態，或是站在正義聖潔的一方，把對方視爲次一等或不正義的一方。這樣自以爲義，使得我們剝除人與人之間可能的「同理心」，因而就喪失了「愛」。在聖經中，耶穌常常與當時所謂的罪人（如稅吏、妓女、窮人或外邦人）在一起。而他最常批判的對象不是這些罪人，反而是當時宗教的上層階級——法利賽人，耶穌認爲他們「假冒僞善」、「自以爲義」，對別人缺乏同理心，且充滿歧視，這樣的心態使得他們與上帝的本意隔絕了。

前面已提及，基督教對生命的基本觀點就是：生命本是一種恩典，不論是肉體地或靈魂的層面，都是上帝所賜，不因爲你的身分地位階級，也不因你是否道德高尚、是否足夠努力，或具有後天的成就，而有所不同。正如聖經中所言：「你們得救是本乎恩，也因著信，並不是出於自己，乃是上帝所賜，不是出於行爲，免得有人自誇。」（〈以弗所書，2:8〉）又言：「我揀選愚昧的人，使聰明的人感到羞愧。」[3]上帝的愛無分彼此，這給我們人類先天就具備的「等差的愛」予以根本的撞擊，讓我們打破一切先天的或後天人爲設定的各種藩籬，取消一切可能的「歧視」，讓我們可以「同理地」對待世間的各種人群與萬事萬物。就這點而言，它對於生命教育將具有極大的啓發意義。

正因爲高舉這種同理心的愛作爲人與人交往的基礎，基督教在面對生命中有關於罪惡的問題方面，也有獨特的態度。事實上，

基督教本就把「罪惡」視爲人類的核心問題。但是解決的方式不是透過口誅筆伐來標舉出正義與不正義，不是透過嚴刑峻法來嚇阻犯罪，更不是自己站在正義的一方來矯正罪犯。眞正有意義的做法毋寧是，站在同理心的基礎上，給予對方無限的接納、包容與愛。從基督教的觀點言之，上帝的眼光下，我們每個人都是罪人，也不比那些罪犯更爲神聖。唯有釋放出愛與恩典，罪惡問題才能獲得解決。

　　透過基督教對罪惡問題的理解觀點，可以讓我們探索生命與生命之間形成壓抑、衝突與傷害的本質原因，這對於我們理解及處理今日的憂鬱症、自殺、青少年偏差與犯罪，以及族群衝突、戰爭與恐怖主義等相關問題，帶來全新的視野。

五、聖經中發人深省的比喻故事可作為生命教育教材

　　耶穌與基督教聖經中有許多有意義的比喻故事，這些故事對於生命教育具有重大啓發價值，可以改編成對所有人均有意義的生命教育教材。[4]

　　基督教聖經中可以作爲生命教材的比喻故事[5]如下：

比喻名稱	對生命教育的啓發
撒種的比喻	生命中的學習
麥子與稗子的比喻	良善與邪惡的辯證
芥菜種子的比喻	信心的力量
浪子的比喻	無比的愛
葡萄園僱工的比喻	生命中不配得的恩典
十個童女的比喻	生命的關鍵時刻隨時做好準備
按才幹分銀（五千兩）的比喻	生命中的正向循環與負向循環
好撒瑪利亞人的比喻	對外邦人的愛

肆　結語

　　本文旨在闡明基督宗教的生命觀對於生命教育可能的啓發意義。首先，我們論證了宗教信仰應作爲生命教育的核心環節，它涉及終極關懷的問題將指引生命教育的各個層面；其次，我們提出了基督教的基本信仰的一個概觀；最後我們從五個面向：智慧設計的宇宙觀、恩典的生命視野、倒轉世俗價值觀、同理心與愛的核心價值，以及比喻的重大價值，來說明基督教觀點對生命教育可能帶來的重要啓示。

　　本文仍只是一個初步嘗試，對於許多問題的釐清與解決，需要更多的篇幅，有待以後另文補充。然透過本文的分析，我們可以肯定：基督宗教信仰的獨特觀點，確實可以爲推動生命教育，不論在教材內容與課程設計上，帶來一定的助益與啓發價值。我們亦能肯定，正如本文開頭所引言的那樣，通過基督教信仰的洗禮與實踐，可以爲我們開創出豐富且自由的生命道路。

註 文

1　關於孫效智對於生命教育與人生三問的說法，可參見孫效智（2009）。

2　見新約聖經（馬太福音，5:3-10）「虛心的人有福了，因爲天國是他們的。哀慟的人有福了，因爲他們必得安慰。溫柔的人有福了，因爲他們必承受地土。飢渴慕義的人有福了，因爲他們必得飽足。憐恤人的人有福了，因爲他們必蒙憐恤。清心的人有福了，因爲他們必得見神。使人和睦的人有福了，因爲他們必稱爲神的兒子。爲義受逼迫的人有福了，因爲天國是他們的。」（合和本譯文）

3　見新約聖經（歌林多前書，1:27）「神卻揀選了世上愚拙的，叫有智慧的羞愧；又揀選了世上軟弱的，叫那強壯的羞愧。」

4　關於聖經中的比喻的意義，可參見Ogilvie, L. J.（歐果維，1991）。

5　本表所列的比喻故事，其在聖經中的出處如下：撒種的比喻（馬太福音，13章3-23節）、麥子與稗子的比喻（馬太福音，13章24-30；36-43節）、芥菜種子的比喻（馬太福音，13章31-32節）、浪子的比喻（路加福音，15章11-32節）、葡萄園僱工的比

喻（馬太福音，20章1-16節）、十個童女的比喻（馬太福音，25章1-13節）、按才幹分銀的比喻（馬太福音，25章14-30節）、好撒瑪利亞人的比喻（路加福音，10章25-37節）。

參考文獻

孫效智（2009）。臺灣生命教育的挑戰與願景。**課程與教學季刊**。12卷3期，1-26頁。

聖經〈新、舊約〉（中譯本·合和本）。

Bethke, J.（傑弗森·貝斯齊）（2014）。朱怡康譯。**耶穌比宗教大：我熱愛耶穌，為什麼討厭宗教**。臺北：啓示。

Glynn, P.（派崔克·葛林）（2003）。郭和杰譯。**上帝科學的證據：理性社會的信仰復興**。臺北：智庫文化。

Ogilvie, L. J.（歐果維）（1991）。馮文莊譯。**天國奧秘的揭曉——從主耶穌的比喻認識神**。美國：活泉出版社。

問題與反思

一、為什麼宗教信仰所觸及的是生命教育最核心的部分？若缺少了信仰這
　　個要素，對生命教育而言，可能產生怎樣的問題與缺失？

二、如果這個世界與生命的誕生不是偶然隨機的產物，而是造物主有計畫
　　的智慧創造，這對於生命教育而言，有怎樣的啟發意義？

三、為什麼生命是一種恩典、一種獨一無二的禮物？基督教所說的，上
　　帝賜給人類生命的兩種層次的恩典分別是指什麼？對生命教育有何意
　　義？

四、基督宗教十分強調「愛鄰舍」與「愛人如己」的思想，這有何意義？
　　尤其在發揮「同理心」方面，有何重大價值？

延伸閱讀

Cox, H.（哈維・考克斯）（2006）。林師祺譯。耶穌在哈佛的26堂課：現代人的道德啓示錄。臺北：啓示。

Lewis, C. S.（魯易斯）（2012）。梁永安譯。四種愛：親愛、友愛、情愛、大愛。臺北：立緒文化。

Nouwen, H.（盧雲）（2013）。應仁祥譯。向下的移動──基督的捨己之路。臺北：校園文化。

第七章

宗教的生命教育
——伊斯蘭教

蔡源林

摘要

　　本章從五個部分來說明以伊斯蘭教為基礎的生命教育之核心思想，及其身心靈實踐的具體內涵。第一部分，從《古蘭經》歸納伊斯蘭教的生命觀、死亡觀、死後復活觀三大課題的基本信仰；第二部分，以穆斯林日常生活必須履行的五大宗教功課，念、禮、齋、課、朝，作為生命修鍊的基礎，闡述其對個人與集體生活所發揮的作用；第三部分，針對伊斯蘭傳統的主要生命禮儀，婚姻禮與殯葬禮，具體說明伊斯蘭獨特的性別觀、生死觀及對生命終極關懷的落實；第四部分，針對一般人最容易誤解的伊斯蘭聖戰與殉道信仰，釐清其原本內涵，並探討其對生命教育的啟示；第五部分，探討蘇非靈修的獨特生死智慧，並衍生其對趨向世俗化、功利化、物質化的現代社會所能帶來的心靈淨化作用。

　　伊斯蘭教為出世與入世兼備的世界宗教，全球十數億的穆斯林信眾，從出生到死亡所涉及的食、衣、住、行等日常生活儀節，以及家庭、社會與公共事務等基本準則，都有一套完整的伊斯蘭「律法」（*Shari'ah*）來規範，既名為律法，便有法律的權威性與義務性，再加上該法與人為制訂的世俗法律不同，乃根據天啟所制訂，具有無可取代的神聖性。伊斯蘭律法最具權威的法源為兩大聖典──《古蘭經》及《聖訓》，再結合歷代律法學家深入而系統化的詮釋，成為東、西方各文化傳統中傳承系譜最明確、與宗教價值觀最密切結合的一套生命法典，也構成穆斯林世代傳承的生命教育基本教材。若說《古蘭經》是這套宗教律法制度所依據的憲法，則《聖訓》便是具體規定其實行方法的六法全書，探討伊斯蘭教的生命教育，必須以《古蘭經》與《聖訓》為基礎。

壹　以《古蘭經》為基礎的伊斯蘭生死觀

　　穆斯林深信《古蘭經》為唯一真神阿拉（以下稱「真主阿拉」），透過大天使加百列降示給先知穆罕默德（以下簡稱「穆聖」）。從穆聖40歲（西元610年）在麥加城郊山洞避靜而獲得初次天啟，直到63歲（西元632年）過世的23年期間，每當面臨生命重大關卡或需處理初代教團所遭逢的難題，便有真主阿拉啟示降臨，穆聖按所聽聞內容一字不漏地記誦下來，再傳述給身邊的追隨者，穆聖過世後，這些啟示的內容由繼任的哈里發號召能記誦經文的信眾整理編撰，遂成流傳後世的《古蘭經》定本。

　　穆聖為兼具宗教先知與民族英雄雙重角色的傳奇人物，但早年命運卻相當坎坷，父親在穆聖出世前便過世，母親在6歲時亦過世，童年失怙的穆聖遂由叔父阿布・塔利布撫養長大成人。青少年時期的穆聖，和貝都因族人一樣過著游牧與經商的簡樸生活，雖無奢華之物質享樂，但也不失同族間相互扶持的親情友誼。穆聖在25歲那年，受叔父之託前往敘利亞作買賣，遂結識比他大15歲的富孀哈蒂嘉，原本為其經理家族產業，但哈蒂嘉欣賞穆聖的誠信與幹練，便主動向穆聖求婚，雙方遂締結婚約，哈蒂嘉不但成為穆聖前半生最重要的生活依靠，也是穆聖天啟後的第一位信仰者。但穆聖在麥加時期的傳教並不順利，當時阿拉伯人普遍信仰多神教，並以麥加聖殿為信仰中心，設置眾多偶像，穆聖宣揚的唯一神信仰與部落習俗牴觸，故剛開始僅有哈蒂嘉等至親好友追隨，且不時遭到麥加強宗豪族的迫害，認為穆聖的傳教有損部族利益。在穆聖叔父與哈蒂嘉相繼過世之後，穆聖頓失有力的奧援，便在西元622年與十數位信眾遷徙於麥地那，與當地居民共同締造第一個伊斯蘭信仰社群，具體實踐《古蘭經》人人平等、普救眾生的教誨，並建立以一神信仰為中心的社會與政治制度。該年被訂為伊斯蘭曆紀元之始，史稱「聖遷」（Hijra）。

　　穆聖在麥地那的十年，從宗教先知的地位進一步成為統一阿拉伯半島的民族英雄與政治領袖，在屢次面對麥加強族的軍事威脅之下，憑藉麥地那信眾全體同心及穆聖的謀略有方之下出奇制勝，終於在西元630年以和平朝聖的威勢，迫使麥加部族獻城投降，並寬大赦免原本迫害穆斯林的敵人，開啟阿拉伯半島伊斯蘭教化的轉捩點，鄰近的阿拉伯部族紛紛歸順穆聖所領導的麥地那教團。原本處於氏族與部落之間爭戰不休、屢遭東羅馬與波斯兩帝國欺凌的阿拉伯民族，自此統一在伊斯蘭的旗幟之下，並在接下來短短的百年之間，建立了橫跨亞、非、歐三洲的伊斯蘭帝國，為人類歷史罕見的奇觀。穆聖以貧賤的孤兒出身，卻能突破外在環境的侷限，成就了精神導師與俗世領袖的雙重志業，實為千古以來第一人，《古蘭經》則為成就穆聖豐功偉業最重要的生命指南與精神力量的泉源。

　　對於人類生命的誕生與終結，《古蘭經》有如下明確的說法：

> 我【真主阿拉】確已用泥土的精華創造人，然後，我使他變成精液，在堅固的容器中的精液，然後，我把精液造成血塊，然後，我把血塊造成肉團，然後，我把肉團造成骨骼，然後，我使肌肉附著在骨骼上，然後我把他造成別的生物。願真主降福，祂是最善於創造的。此後，你們必定死亡，然後，你們在復活日必定要復活。（23：12-16）

此經文為伊斯蘭三世說的基礎，但與佛教的過去、現在、未來的三世因果輪迴說不同，伊斯蘭的三世為創世（生命因真主所造而誕生）、今世（個人的現實生命）、後世（或末世，末日審判時復活的生命），此說與猶太教與基督宗教的基本觀點相近，此三世為每一個體生命必經的不可逆轉過程，現實生命只能經歷一次，個體死亡後便只能靜待末日審判的降臨，伊斯蘭生死觀沒有生生世世不斷輪迴的觀念。

　　《古蘭經》將男女性別差異視為真主的「跡象」（ayat），故賦予性別差異神聖的意含：

　　　　眾人當敬畏真主；祂從一個人創造了他們，並由同類上造
　　　　化他的配偶，並由他倆繁衍了許多男女。（4：1）

　　　　祂為你們人類在同類中造化妻室，以安慰你們的心，並在
　　　　你們中間安置愛意和憐憫。確實這也是祂給有參悟的人們
　　　　的跡象。（30：21）

　　《古蘭經》雖強調性別差異，但男女兩性應相互扶持、共同生活，以便繁衍後代，並無根本上的不平等。在宗教的終極救贖上，兩性亦無差別，故曰：

　　　　我【真主阿拉】絕不使你們中任何一個行善者徒勞無酬，
　　　　無論他是男的，還是女的──男女是相生的──還居異鄉
　　　　者、被人驅逐者、為主道而受害者、參加戰鬥者、被敵殺
　　　　害者，我必消除他們的過失，我必使他們進那下臨諸河
　　　　的天園。這是從真主發出的報酬。真主那裡，有優美的報
　　　　酬。（3：195）

　　《古蘭經》明示人類的死亡與死後復活，全為真主的權能所主宰，

　　　　你們怎麼不信真主呢？你們原是死的，而祂以生命賦予你
　　　　們，然後使你們死亡，然後使你們復活；然後你們要被召
　　　　歸於祂。（2：28）

　　生命源自真主所造，死亡之期則為真主所訂，死後復活之日亦為真主之預定，「召歸於祂」便是復活之後接受最後審判以分別善惡，

決定何人接受天園的恩賜、何人接受火獄的懲罰。就死後復活接受末日審判的信仰而言，伊斯蘭教與猶太教、基督宗教並無根本之差異，只是伊斯蘭教基於「眞主獨一」的第一信條，更強調眞主對生與死之預定安排，人類無法計較分毫，並根據上引之生命三世說的相關經文，引申出伊斯蘭教六大信條的第五信「復生」及第六信「前定」，並與信「天使」、信「經典」、信「先知」，並稱伊斯蘭教六大信條。

死亡爲今世生命的終結，亦爲後世生命的開啓，也就是今、後兩世的過渡階段；後世生命的終結則爲死後復活接受末日審判的結果，而生命最終的理想歸宿爲回歸天園與眞主阿拉同在，故中國穆斯林稱死亡爲「歸眞」，強調死亡只是過渡，而非終結，回歸眞主才是人生的終極目標。個人今世的死期，爲眞主的一項「前定」，故穆斯林不認爲人類的壽命可由自身的努力加以延長，

> 不得眞主的許可，任何人都不會死亡；眞主已註定各人的壽限了。誰想獲得今世的報酬，我給誰今世的報酬；誰想獲得後世的報酬，我給誰後世的報酬。我將報酬感謝的人。（3：145）

伊斯蘭教傳承靈肉二元的生命觀，認爲死亡只是靈魂暫時離開肉體的狀態，經云：

> 人們到了死亡的時候，眞主將他們的靈魂取去；尚未到死期的人們，當他們睡眠的時候，眞主也將他們的靈魂取去。已判決其死亡者，祂扣留他們的靈魂；祂未判決其死亡者，便將他們的靈魂放回，至一定期。對於能思維的民眾，此中確有許多跡象。（39：42）

上引經文爲伊斯蘭教相當特別的死亡相對論，即睡眠爲短暫的死

亡，又稱眞主暫時將靈魂取走；今世的死亡則爲更長期的睡眠，靈
魂離開肉體更長的時間，等到復生日，眞主再度讓靈魂回歸肉體，
死者從墳墓中再度甦醒，以接受最後審判。

　　眞主最大的「前定」則爲復生日的最後審判，基於人們就死後
復活一事肯定會有所懷疑，故眞主另有天啓來釋疑：

> 眾人啊！如果你們對於復活的事還在懷疑之中，那末，
> 我確已創造了你們，先用泥土，繼用一小滴精液，繼用
> 一塊凝血，繼用完整的和不完整的肉團，以便我對你們闡
> 明（道理）。我使我所急欲的（胎兒）在子宮裡安居一個
> 定期，然後，我使你們出生爲嬰兒，然後（我讓你們活
> 著），以便你們達到成年。你們中有夭折的；有復返於最
> 劣的年紀的，以便他在有知識之後，什麼也不知道。你看
> 大地是不毛的，當我使雨水降於大地的時候，它就活動和
> 膨脹，而且生出各種美麗的植物。這是因爲眞主是眞宰，
> 他能使死者復生，他對於萬事是全能的。復活確是要來臨
> 的，毫無疑義，眞主要使墳墓裡的人復活起來。（22：
> 5-7）

《古蘭經》反覆從生命創造的奇蹟與自然運行的常軌，彰顯眞主對
死後復活的權能，以提醒不信者，人類的生死循環全賴眞主的旨意
運轉。

　　復生日的最後審判，乃是對人類生前的善惡行爲，加以總結清
算的時刻。每人生平的行爲善惡，皆有爲凡人肉眼無法見到的左、
右兩位天使來加以記錄，在末日審判來臨之時，皆無所遁逃、無從
狡辯：

> 當坐在右邊和左邊的兩個記錄的天神記錄各人的言行的時
> 候，他每說一句話，他面前都有天神當場監察。臨死的昏

迷，將昭示眞理。這是你一向所逃避的。號角將吹響，那
是警告實現之日。每個人都要到來，驅逐的天神和見證的
天神，將與他同行。（50：17-22）

復生日何時發生，爲眞主最大的前定，凡人均無法預知，所以穆斯
林只需信仰復生日及最後審判終將來臨，但不該預測該日期何時發
生，否則便是僭越眞主的旨意。

　　對復生日的災異景象與最後審判的善惡之別，爲《古蘭經》天
啓中最生動而令人震駭的敘述：

當號角一響，大地和山嶽都被移動，且互相碰撞一次的時
候；在那日，那件大事將發生，天將破裂；在那日，天將
成爲脆弱的。眾天神將在天的各方；在那日，在他們上
面，將有八個天神，擔負你的主的寶座；在那日，你們將
被檢閱，你們的任何祕密，都無法隱藏。用右手接受自己
的功過簿的人將說：「你們拿我的功過簿去讀讀吧！我確
已猜想到我必遇見我的賬目。」他將在愉快的生活裡，在
崇高的樂園裡，那裡面的水果伸手可得。「你們可以愉快
地飲食，因爲你們在過去的歲月中行過善。」以左手接過
自己的功過簿的人將說：「啊呀！但願我沒有接過我的功
過簿，不知道我自己的賬目！但願塵世的死亡已了結我的
一生！」（69：13-27）

復生日的前定信仰容易被誤解爲是一種宿命論，此在中世紀伊斯蘭
神學的前定論與自由意志論的討論中已有定論，即以兩者並行不悖
爲折衷之說，伊斯蘭神學家並以航行於大海的船隻爲喻，蓋船夫可
有航行的自由意志，但無法航越大海的邊際。前定論所強調的，乃
是面對生命中的苦難逆境，甚至死亡威脅時豁然大度的態度，保持
此意念方能一心向主，追求通往後世永生的正道，此爲伊斯蘭生死

觀的獨到之處。人性的最大弱點便是貪生怕死，但眞主提醒世人，若能了悟死亡乃眞主之前定，更應該勇於面對生死難關，克盡個人的天職。

🈺　伊斯蘭教天命五功的生命修鍊

　　每位穆斯林必須終其一生奉行五大宗教功課──念、禮、齋、課、朝，謂之「天命五功」，《古蘭經》及《聖訓》的教義與生命價值觀，以此五大功課加以落實於日常生活。每位穆斯林透過天命五功的修鍊以便提升自我、淨化社會，以達到復命歸眞的生命終極目標。

　　念功，指唸誦與持守伊斯蘭教最重要的信條「清眞言」，且必須以阿拉伯文唸誦如下：「*La ilaha ill-Allah, Muhammad-ur Rasulullah*」，中譯爲：「萬物非主，唯有眞主；穆罕默德，是主使者。」清眞言將伊斯蘭信仰總結爲兩句話：第一句強調眞主阿拉外，沒有其他人、事、物當受崇拜；第二句強調穆罕默德爲眞主所派遣的最後先知。每個穆斯林從孩提時就須學唸清眞言，每天禮拜時都要聽與唸清眞言，臨終前說或聽的最後一句話也是清眞言。若要皈依伊斯蘭教，最主要的儀式就是當眾誦讀阿拉伯文的清眞言，並有教長或教友的見證，就算完成皈依。

　　禮功，爲面向麥加誦經、祈禱和跪拜等宗教儀式的總稱。禮功的成立歸納爲六項要件，即水淨、衣淨、處所淨、舉意、認時、朝向正。前三項即禮拜前應注意的潔淨事項；水淨，指禮拜前必須以清水洗淨身體的三個部位：依序爲臉、手、腳，並漱口、鼻，修整頭髮，謂之「小淨」；若身體沾到汙穢之物，則必須淋浴洗全身，謂之「大淨」；衣淨與處所淨，指禮拜時要穿著整潔的衣服，並選擇乾淨的場所；舉意是指在心中立下禮拜的意願；認時則指必須在規定的時間內禮拜，每天必須分五個時段禮拜，分別爲晨禮（黎明至日出）、晌禮（中午至下午前半）、晡禮（下午後半）、

昏禮（日落至黃昏）和宵禮（晚上，以不過午夜為宜）；朝向正為禮拜必須朝向麥加。禮拜動作有六項儀則，即抬手、端立、誦經、鞠躬、叩頭、跪坐。每週則有一次集體禮拜，規定為禮拜五，稱為「主麻日」（Jumu'ah），當天信眾會在晌禮的時間前往清真寺參加「主麻禮拜」（又稱「聚禮」）。禮拜時，男、女信眾必須有所區隔，由教長站在最前端，其餘教眾均整齊排成橫列，一律面向壁龕，也就是麥加方向，遵循教長的動作依程序禮拜，禮拜後由教長或其他專職布道師講道。

　　齋功，亦稱「封齋」或「把齋」。每年伊曆9月為穆斯林的齋戒月，當月為一年中最吉祥、最高貴的月份，因為在該月真主阿拉開始頒降《古蘭經》經文給穆聖，以昭示明證，從此世人得有遵循正道、分辨真偽的普世準則。齋月的開始和結束都以新月的出現為準，在古代會有教長登上清真寺的喚拜樓遙望天空，若看到了月初的上弦月，齋月即開始。因為伊斯蘭曆採用陰曆，每年只有354天，與公曆相差11天左右，所以齋月在公曆中沒有固定對應的日期。每日黎明開始直至日落為止，凡成年健康且理智健全的穆斯林男、女都必須在此月封齋，即舉意虔誠，戒除飲食、房事及一切邪念與罪惡。透過齋戒，穆斯林可以學會克制慾望、磨練心志、培養責任感和忍耐精神。透過齋戒的功修，足以淨化人心，還能使富人體驗窮人忍飢挨餓的滋味，以長養慈悲心。

　　齋月期間，人們在天亮前吃「封齋飯」。日間，穆斯林會到清真寺作禮拜，學習《古蘭經》，在日落後始可進食，謂之「開齋小吃」。除平日誦讀的禱文外，穆斯林還會在夜晚誦讀特殊的晚禱文。齋月的最後一天當晚若又見新月，便正式結束齋戒，隨後舉行穆斯林一年中最重要的兩大節慶之一的「開齋節」，全家團聚享用開齋飯，甚至邀請遠到的親朋好友與其他宗教的友人來分享，隔天白天尚舉行慶祝活動。

　　課功，或稱「天課」，為豐衣足食的穆斯林所需履行的宗教義務，按規定教眾要把每年盈餘財富的一部分用作幫助貧民和有急需

者。天課既不是政府徵收的稅款，亦不是隨意捐助的贈禮，而是人類獲眞主喜悅的天職。按伊斯蘭律法規定，當穆斯林個人資產超過一定限額，現金的最低徵收率是2.5%，以其每年的盈餘作計算，即排除合理開支外，以剩下來的儲蓄按比例課徵。伊斯蘭教的財富觀爲一切人類所享有的物質所需，都只是眞主所信託的財物，人類並非其眞正的擁有者。因此，人們應該按眞主的旨意去支配和運用祂賜予的財富，不應對眞主的給養過分苛求，且應抑止對物質占有的非分欲念。凡是有條件去施天課的穆斯林，更應感謝眞主對他們特別的恩典，使他們有能力去幫助他人。穆斯林可以藉此培養犧牲精神，免於自私及過度追求財富。

　　朝功，又稱「朝覲」，指每位穆斯林一生中至少完成一次赴麥加巡禮「克爾白」（Kaʿbah，中譯「天方」或「天房」，即存放眞主阿拉所賜黑石的所在地）聖殿並舉行敬拜儀式，爲天命五功之中最能彰顯伊斯蘭教與猶太教、基督宗教共同源流的宗教儀式，因其包含紀念三教共尊的先知亞伯拉罕（穆斯林稱「易卜拉欣」）及其家族的事蹟。朝覲季開始於伊斯蘭曆的10月1日，爲期70天，而教曆12月爲正式朝覲月，日期訂爲8日至12日，稱爲「大朝」或「正朝」，其他時間朝覲稱爲「小朝」或「副朝」。朝覲儀式大略如下：第一天，穆斯林先在規定地方受戒，逆時針方向繞轉天房七周，夜宿「米那」營地，效法先知亞伯拉罕在此休息：第二天，進駐「阿拉法特」平原做禮拜並聆聽教長講道，以便體會當年穆聖辭世前最後一次講道的眞諦，此爲朝覲活動的高潮；第三天，回到「米那」，進行投擲石頭於象徵魔鬼的石柱之儀式，以效法當年亞伯拉罕的長子以實瑪利（穆斯林稱「伊斯瑪儀」）以石頭驅趕魔鬼，然後進行宰牲儀式，以紀念當年眞主以羊來取代以實瑪利爲獻祭（猶太教徒、基督徒則認爲是以撒受獻祭）；第四天，再度巡禮天房並進行第二次投石儀式；第五天，第三次投石儀式，最後再度前往天房做道別巡禮，同樣是繞行七周，並儘量碰觸或親吻黑石，朝覲儀式便大功告成。接下來，許多穆斯林會前往麥地那瞻仰

穆聖的陵墓。由於伊斯蘭正統教義反對將先知當神崇拜，故麥地那謁陵並非朝功的必要部分，只視爲紀念穆聖的活動。踏上穆聖出生之地，是穆斯林一生的夢想，完成朝功的穆斯林可以獲得「哈吉」（Hajji）的榮譽稱號。自古以來，麥加朝覲便是促成全球穆斯林社群具有四海一家情懷最重要的信仰活動，也是伊斯蘭文明可以形成擁抱黃、黑、白各色人種，跨越族群、地域與文化藩籬而相互交流的最主要宗教制度。

參 從生命禮儀看伊斯蘭傳統對生命終極關懷的落實

全世界各民族都有一套獨特的生命禮儀，將個體生命週期中重要的關卡，以集體儀式展演的方式來助其成員渡過該難關，此種儀式在學術上又稱爲「通過儀式」（rites of passage）。通常最重要的生命儀式發生在出生、未成年到成年、結婚與死亡這幾個生命最重要的過渡階段。各民族爲其成員所舉行的各種出生禮、成年禮、結婚禮與殯葬禮，成爲保存各民族的傳統價值、集體記憶與生命終極關懷最具動態性的有形文化遺產，也是從事比較文化研究學者最寶貴的一手材料。

穆斯林各民族也都有各具特色的生命禮儀，但出生禮與成年禮由於並無《古蘭經》與《聖訓》明確的經文依據，導致其受民族文化的差異性影響較大，無明確的標準可爲統整性敘述的基礎，限於篇幅只能省略。婚姻禮與殯葬禮則爲《古蘭經》與《聖訓》明確規範的兩大生命禮儀，從中體現伊斯蘭生死觀與生命終極價值的獨特性，故擇要論述。

《古蘭經》明確傳達以家庭爲人類社會核心價值的傳統理想，而婚姻又是家庭生活的起點，所以對婚姻與家庭關係有相當多具體規範，許多經文顯然是針對伊斯蘭教興起前的阿拉伯部落社會婚姻制度混亂、婦女權益遭受侵害所做的改革。《古蘭經》明訂「婚姻」爲男女雙方基於平等互惠原則所建立的神聖契約，故除非

有特殊情況，所有穆斯林男女均應結婚，婚姻乃是男女兩性基於自由意願的結合，《聖訓》中有一段敘述，說明了結婚與禮拜、齋戒具有同等的重要性：

> 有三個人來到聖妻們的房內，詢問先知的拜功。當他們知悉先知的拜功後都認爲太少。他們說：「眞主饒恕了先知以往的和以後的罪過，我們怎能趕上他呢？」其中之一道：「在夜裡，我將永不睡覺只做禮拜。」又一人道：「我要永遠封齋決不張口。」另一人道：「我要遠離女人絕不結婚。」先知來自他們面前，說道：「你們這樣說那樣講，向眞主發誓，同你們相比，我是最畏主最敬主的了。但我有時封齋，有時不封，夜裡有時禮拜，有時睡覺，我也討老婆。誰若放棄我的教行，他便不是我們的人。」

上段《聖訓》有意駁斥禁慾苦行及出家修行的做法爲違背眞主的旨意，伊斯蘭教強調在家修行。基於不鼓勵獨身修行的做法，故伊斯蘭教並無類似天主教的神父與修女、佛教的法師等出家的神職人員制度。

伊斯蘭教除了視婚姻具有神聖性之外，也強調婚姻是男女雙方的平等互惠契約，故男女兩造基於意思表示，相互接納，並在兩位證人的見證下，即可正式成立婚約。伊斯蘭教對婚姻制度主要的改革，反映在兩項規定上：(1)聘禮制：穆斯林婦女本身成爲婚姻契約的主體，故丈夫贈送之聘禮乃是由妻子而非妻子的家族所有，且在離婚時，丈夫不得取回。(2)離婚制：伊斯蘭傳統視夫妻失和而離異乃人之常情，故容許離婚，但設立許多門檻，最主要的便是「等待期」制度，即在夫妻不合並向伊斯蘭法官提出上訴後，兩人進入共處但不同床的「等待期」，以確認妻是否懷有兩人的愛情結晶，在期限上是月經三次，或是無月經婦女以三個月推算，在這期

限內雙方可隨時復婚，不需舉辦婚禮或重新下聘；若離婚之勢難以挽回，則以維護妻子之權益及確立親權關係爲離婚後續事項的處理原則。此外，若丈夫過世，在伊斯蘭傳統亦不主張守寡以示貞節，而是明示婦女之再婚權，在「等待期」過後便可再婚。

　　若說伊斯蘭婚姻制度的基本精神乃是男女雙方的平等契約，爲什麼又會有一夫多妻制呢？這是教外人士最常出現的疑問，此問題仍應回歸經典及中古阿拉伯社會的歷史脈絡來理解。《古蘭經》關於一夫多妻制的經文如下：

　　　　如果你們恐怕不能公平對待孤兒，那麼，你們可以擇娶你
　　　　們愛悅的女人，各娶兩妻、三妻、四妻；如果你們恐怕不
　　　　能公平地待遇她們，那麼，你們只可以各娶一妻。（4：3）

　　　　即使你們貪愛公平，你們也絕不能公平地對待眾妻；但你
　　　　們不要完全偏向所愛的，而使被疏遠的，有如懸空吊著。
　　　　如果你們加以和解，而且防備虐待，那麼，阿拉確是至赦
　　　　的，確是至慈的。（4：130）

上述兩段經文可見伊斯蘭婚姻制度並非鼓勵一夫多妻制，而是鼓勵一夫一妻，且對一夫多妻給予明確限制。不過，部分內容對習於平權觀念的現代人而言，仍會覺充滿父權色彩，若能回歸中世紀社會現實來詮釋該經文，特別是回歸前伊斯蘭時期的阿拉伯部落社會情況，或許能對伊斯蘭教容許一夫多妻採取較持平的看法。

　　前伊斯蘭時期的阿拉伯社會，存在著一夫多妻及一妻多夫等各種不同形式的婚姻，但基於使家庭倫理關係穩固的考慮，伊斯蘭教訂四妻爲上限。事實上，在人類社會尚普遍採取父權式的一夫多妻婚姻制度，以及奴隸制的情況之下，由穆聖依照天啓所推動的伊斯蘭家庭法，乃是在承認現狀的基礎上所做的漸進式改革，而非激進式革命。所以，在當時的社會條件下，只能採取社會立法及道德勸

誠雙管齊下的方式，使家庭制度能夠逐步合乎道德理想，故雖承認一夫多妻的現狀，但以公平原則來勸說一夫一妻制爲常規。古代阿拉伯社會若部落之間發生戰爭，已婚男子捐軀於沙場，形成同部族內女多男少的情形，且留下來的孤兒寡母無人照顧，故弟娶兄之妻或婦女改嫁同族其他成年男子，爲常有之事，只有將親屬關係確立之後，所有的權利、義務、照顧與福利方能確保，伊斯蘭律法乃是對這樣的社會條件提出更符合公平正義原則的規範。

伊斯蘭傳統的家庭制度與大部分的傳統社會一樣，均強調男女有別，在男主外、女主內的原則下組成性別分工的家庭。依照《古蘭經》的規定，家庭爲人類從事性行爲的唯一合法場所，不但以婚姻制度來制度化性行爲，且對不貞的行爲施予嚴厲的懲罰，但對家庭內部的性愛關係則予以鼓勵，甚至連宗教實踐最重要的五功之一齋功期間，夜間夫妻從事性行爲亦無不可，再加上前引《聖訓》對出家制度的反對，足見伊斯蘭教對性愛的觀點其實是以其倫理與社會秩序考慮爲著眼點，並未在根本上將性行爲視爲有違神聖性，故伊斯蘭傳統的聖賢形象，很少標榜獨身禁慾，大部分都是在家修行者。

由於家庭和諧是社會穩定的基礎，故《古蘭經》有許多防範家庭破裂的措施，除上述「等待期」規定外，尚有勸和不勸離的「公正人」制度，即從夫妻雙方親戚中各推一個公正人共同規勸夫妻和解。此外，對以第三者的身分介入而破壞他人之婚姻的行爲，亦在勸誡、禁止之列，這則規定再度說明了伊斯蘭律法視婚姻與合理的商業行爲相似，均爲平等互惠的契約關係，均應本著忠誠信實爲原則，不得以一己之私而侵害他人之權益。

雖然《古蘭經》並未對穆斯林的殯葬儀節有具體規範，但由於處理亡者的方式關係到如何以宗教信仰看待生死大事，所以若要對穆斯林的殯葬禮儀之基本內涵有正確的理解，應以前述《古蘭經》與死亡觀相關經文爲詮釋的基礎。至於伊斯蘭殯葬禮儀的具體流程與做法，乃是以《聖訓》爲基礎，再參酌初期穆斯林社群的習俗，

綜合而成。

　　《聖訓》揭示伊斯蘭殯葬禮儀的三大原則：土葬、速葬、薄葬。土葬，指穆斯林歸眞後，不用棺槨放置大體，以素淨白布包裹直接放入土中，回歸眞主造化人類的本然面貌，入土爲安；速葬，早晨歸眞，不可停放過午；黃昏歸眞，不可過夜；夜間歸眞，隔日清晨便葬；薄葬，強調簡約、平等，無論何人歸眞，不分貧富貴賤，也不論職位高低，都穿同樣的三件白布，都占同樣大小的墓穴，更不允許用任何陪葬品，禁止披麻、帶孝、嚎啕大哭、大操大辦；虔誠的穆斯林認爲個人的死亡並不是永遠的離別，而是回歸天園與眞主同在。《聖訓》云：「我的教民裡還有愚昧時代的四種陋俗，需要清洗：誇耀閥閱、誹謗血統、占卜、嚎哭。」又云：「亡人因活人的哭而受罪。」

　　依《聖訓》規定，伊斯蘭殯葬禮分四大部分：洗大淨、穿屍衣、行站禮、埋葬。而關於每一個部分要怎麼做的操作程序，《聖訓》和伊斯蘭律法的四大法學派學者均有大同小異的規定，故此僅就其主要內容做簡要說明，各大法學家相當煩瑣的討論和論辯在此不予贅述。

　　洗大淨，即爲亡人除去身上衣物，洗遍全身，《聖訓》規定洗遍三次或五次均可。首先，將亡者置於屍床，脫掉衣服，要護住其羞體，先做小淨，但不要漱口淨鼻。然後再用藥皂與熱水洗大淨，先頭部和鬍鬚，然後側左而臥，先洗右邊；再側右而臥，洗其左邊。扶亡者坐起，輕輕地摸其腹部，洗掉排出的污穢物，但無須重做大淨。然後用毛巾擦乾，不要剪指甲，也不要梳理頭髮。將防腐性的香料置於其頭部和鬍鬚上，將樟腦等放在其叩頭著地處。給亡人淨身最好是親近的人，一般男性洗男子，女性洗女子，但是配偶或子女可以不受限制。如果親近的人不知怎樣洗亡人，可以請人代理，洗屍者必須是敬畏眞主的虔誠穆斯林，人品可靠、受人尊敬。唯一例外不用洗大淨者爲殉道者，即爲主道奮鬥而身故的教徒，主要的兩種情況是戰死沙場和在朝覲途中過世，均不洗而直接下葬，

其意指殉道士便是在死時見證主道者，故保持其臨死前莊嚴的形象，不加以改變。

　　穿屍衣，乃在大淨之後，以屍衣（指由素淨白布做成之簡單壽衣）包裹亡人，男性用布三片，由內而外裏三層；女性用布五片，除由內而外亦裏三層外，尚須覆上一片面紗、並圍裙一片裹住乳房，強調潔淨和遮身即可，不得講究質料。

　　行站禮，為殯禮最重要的步驟，所有出殯的親友立於亡人的身側，並由教長引導禮讚頌經，以示追悼，並祈求其在復生日之際，能得真主饒恕其罪過，永生天國。主持殯禮的教長或長者應站在亡者胸前位置，其後為亡者家屬依序排列，其他友人參加，應經家屬同意。如友人先舉行完站禮，亡者家屬可宣告重做；反之，家屬做完後，其他人不可再做。凡未舉行站禮就埋葬者，親友可在其墳前舉行站禮，應在三天內補行。站禮若在清真寺中舉行，不應在拜殿內舉行，也不應在殿外舉行，而是在其他偏殿舉行；但可以在其他地方舉行，如家中或空曠的地方。站禮時，死者身上有遮蓋，安放在前，眾人面向麥加方位，儀式由教長或家中長輩領導。參加站禮儀式的人，類同於禮拜，但只站立而無鞠躬和跪叩；站禮中，領導儀式的人向真主祈禱，內容有讚頌真主和穆聖及其家屬，也向真主祈求恕饒和恩賜亡故者和所有活著的人。禮拜分幾個要項：先抬手唸大讚詞（即高唸「真主至大」），然後手放下，唸四次大讚並穿插四段讚頌詞，即完成站禮程序。一般穆斯林並未將亡人置於棺槨之內，亦未停柩一段時日，在儀式完成後立即下葬。

　　埋葬為殯葬禮的最後一個階段，依伊斯蘭律法規定，由四人分前後左右各一，步行抬亡者至下葬之處。置放亡者匣子的四端分放於四人的肩上，快步行走，但不能快跑。放下亡者之前，其他人不能坐下，前行時最好均跟隨於亡者後方。其他送行親友得以步行或車馬代步，但為顯示對亡者之尊重，騎乘車馬者只能在亡者之後，不得超前；步行者可靠近亡者，簇擁於前後左右。墓穴為一個直坑，再開一個偏洞，從靠天房一邊將亡者放入，不用任何棺槨。放

上時念奉真主之名，使歸真者面朝天房，解開裏屍布所綁的結。用土塊及有莖植物堵住洞口，用布遮住女性的墳頭，男性不用；用原土覆蓋墳墓，使成駝峰狀，不能把墳頭弄平。每個參加送葬的人都從土地上拾起一小塊土，投入墓穴中，口誦同樣經文。墓中禁止放置任何紀念物或陪葬品，墳墓全部掩埋之後，繼續誦讀《古蘭經》經文，贊頌真主，並且為亡者祈禱。葬禮的全程都許可在屍體周圍用美香，如薰香、香料或香水，包括在室內、庭院和墓穴中。

伊斯蘭傳統對墳墓的形制有不同的主張，因各地習俗之不同而有不同，例如：有主張絕不立墓碑，且墳面不得隆起者，但也有主張可隆起者；而中國或東南亞的穆斯林墳上均有碑記，殊難一致。無論如何，至少有幾點是共通的：不用棺槨、不用火葬、一律採取土葬，即將包裹白布的屍身直接入土，且其面朝麥加方向，以示終生嚮往聖地、遵循主道。由於其墳所占面積不大，且又不用棺木一起入土，故雖為土葬，但可算是顧及環保及經濟效益。甚至有律法學者主張在屍身腐化歸於塵土之後，就可在其上種植莊稼了，如此更不會有墳滿為患、耗盡土地資源的問題。

親人離別後的定期階段，可以舉行悼念儀式，例如：從墳地回來的當天夜晚，第一個七日、四十日和第一個年頭，可以為亡者誦讀《古蘭經》寄託親人的哀思，祈求真主饒恕和援助，恩賜墳墓中的亡者和活著的親友都安寧。紀念已歸真的親人方式很多，子女親自為先人誦經和祈禱是最佳的悼念，也可以訪問墓地，或以亡者的名義朝覲、救濟窮人、捐獻慈善事業和幫助宣教。但一般而言，伊斯蘭教並無華人的祭祖傳統，也沒有如清明節一樣的掃墓祭祖的節日，前往亡者的墓地進行敬拜儀式，屬於缺乏經典依據的地方習俗。

肆　正確理解伊斯蘭教的「聖戰」與「殉道」所蘊含的死亡觀

「聖戰」（jihad，原意為「為主道而奮鬥」）和「殉道」

（shahadat，原意為「作見證」、「見證主道」）為瞭解伊斯蘭教獨特之死亡觀的兩個關鍵概念，但也是教外人士最常造成對伊斯蘭教誤解的所在。近十年來，新聞媒體不斷渲染穆斯林恐怖分子對西方世界所發動的「聖戰」，而當電視影片不斷反覆播放自殺炸彈客攻擊的震撼畫面時，更使人聯想到似乎伊斯蘭「聖戰」的最高表現便是這種「捨身取義、殺生成仁」的「殉道」精神，而這種聯想所獲的下一個結論便是伊斯蘭教具有極端而難以妥協的宗教狂熱。西方媒體的此種呈現方式，似乎已經在暗示世人，這場將全球人類捲入的「文明衝突」，其主要責任應歸咎於伊斯蘭教的非理性信仰，但這種解釋其實和「聖戰」在伊斯蘭傳統的意義相去甚遠。

「聖戰」一詞在《古蘭經》文本中並未與戰爭或軍事行動有任何直接關聯，而是泛指任何為真主之道而奮鬥的行為，為辨明真信士與偽信士之間區別的重要判準，前者全心全意為主道努力不懈，犧牲個人的生命與財產亦在所不惜；後者則只是形式上歸順真主，但卻心念不專，雖可欺瞞世人於一時，但終究逃不過全知全能的真主之明鑑。若將「聖戰」直解為以武力護教，則不免使其原意被導入更狹隘的範圍，而忽略掉原經文所強調的全心全意奉獻給主道的深刻意含。

《古蘭經》更接近今人之軍事性聖戰概念的經文如下：

> 你們當為主道而「抵抗」「進攻」你們的人，你們不要過分，因為真主必定不喜愛過分者。你們在哪裡發現他們，就在那裡「殺戮」他們；並將他們逐出境外，猶如他們從前驅逐你們一樣，迫害是比「殺戮」更殘酷的。你們不要在禁寺附近和他們「戰鬥」，直到他們在那裡「進攻」你們；如果他們「進攻」你們，你們就應當「殺戮」他們。不信道者的報酬是這樣的。如果他們停戰，那末，真主確是至赦的，確是至慈的。你們當「反抗」他們，直到迫害消除，而宗教專為真主；如果他們停戰，那末，除不義者

外，你們絕不要侵犯任何人。（2：190-3）

以上在「」內的動詞或動名詞其阿文原詞，均為qatila或qatli，而非jihad。qatila或qatli才特指戰場上的戰鬥行為。整段經文若根據後代律法學家及註經學家的解釋，乃是「正義戰爭」理論的經典源頭；換言之，「聖戰」乃是一種行使正當防衛手段的「正義戰爭」，而非攻擊性、侵略性的不義戰爭，其內涵在前引經文中極為明白。部分穆斯林學者並強烈抨擊西方世界長期以來對伊斯蘭教的不實指控，呈現穆斯林「一手拿經、一手拿劍」的聖戰士形象，並將伊斯蘭聖戰理念視為無法容忍異己、主張滅絕異教徒的恐怖主義意識型態，而忽視了《古蘭經》原旨及其所衍生出來的一整套嚴謹規範穆斯林與非穆斯林之間的戰爭行為之聖戰律法。就算在歷史上有部分穆斯林統治者以信仰號召侵略性聖戰，但其行為已明顯悖離上段經文所視之正義戰爭原則，即為反抗異教徒的壓迫所進行的正當防禦；不當濫殺無辜人員，且在清真寺朝拜時若碰到異教徒，若未遭遇直接迫害，亦不得採行報復性攻擊行動。穆斯林所理解的正義戰爭，乃是通往真主的神聖世界之道，正確的意圖和正當的手段是其基本前提，而非只為傳播信仰而從事殺戮異教的行為。

從事聖戰而陣亡者，均視為「殉道者」，在天堂獲得真主永恆的恩賜，經云：

為主道而陣亡的人，你絕不要認為他們是死的，其實，他們是活著的，他們在真主那裡享受給養。他們又喜歡真主賞賜自己的恩惠，又喜歡留在人間，還沒有趕上他們的那些教胞，將來沒有恐懼，也不憂愁。（3：169-70）

《古蘭經》的聖戰與殉道經文所強調的重點在於無私奉獻真主正道的精神，若穆斯林能放棄現世報償而以自己的生命財產捍衛主道，自然比一般信仰者更能體現宗教無我利他的倫理準則，在最後審判

時將獲赦免所有的罪過，比一般自然死亡的信眾更早進入天園。故後代的律法學家對殉道的解釋，不限於只是從事軍事性聖戰而犧牲性命，凡從事任何護衛主道的活動而犧牲性命者，均視爲殉道者，例如：在朝覲途中亡故者，或修築清眞寺過程中意外身亡者，或研讀《古蘭經》時猝逝者，皆視爲殉道。此種對聖戰和殉道的擴大解釋，和伊斯蘭教的另一大趨勢有關，即蘇非主義運動。由於其重視內在體證的宗教靈性經驗，故特定的外在形式不再被固持，使伊斯蘭教義展現更多元化的趨勢。

伍　蘇非主義超越生死的靈性智慧

　　根據《聖訓》的傳述，穆聖在打完一場聖戰回來之後，告訴其追隨者，以軍事行動對抗異教敵人只是小聖戰，以自己作爲聖戰的敵人，才算是大聖戰。這則《聖訓》的流傳，多少反映了講求宗教內在靈性修持者對聖戰的態度。早期的伊斯蘭靈修者對烏瑪雅德朝（西元661-750年）哈里發所動員的侵略性聖戰，抱持相當質疑的態度，經歷過耗盡民力、虧空國庫的連年征戰與生靈塗炭，諸多宗教虔誠人士遂有出世隱修的做法，一方面對當權者消極反抗，另一方面轉向內在世界追求神聖體驗，從而使蘇非之道大爲盛行。

　　《古蘭經》有關人類靈魂的觀點，仍是蘇非修行者冥想與內省的基礎及檢證其神祕體驗的最終權威，其中下段經文特別爲歷代蘇非導師所引用：

> 阿拉是天地的光。祂那光的情狀，如同是有燈的壁龕；燈在玻璃中，那玻璃如同是光耀的星辰，燃自吉慶的樹，就是不東不西的橄欖樹；祂的油雖未與火接觸，而幾乎發光。光在光上。阿拉引導自所意欲的人，達至祂的光輝。阿拉爲世人發布種種比喻。阿拉是深知萬事的。（24：35）

上段經文歷來有兩個解釋：一爲明示的；另一爲暗喻的。前解謂此文乃呼應創世神話，強調眞主以其權能與普慈創造光明以照遍混沌黑暗的宇宙，賜予地球上的萬物生機，日月星辰之光只不過是眞主之光的反射而已，如同玻璃反映燈火。橄欖樹爲中東民族日常所用之燈油的原料來源，故以其樹喻光源，即眞主之權能。但蘇非主義者採暗喻的解釋，謂光乃喻眞主的神聖眞言，玻璃燈罩喻虔誠信徒純淨無瑕的靈魂，可以直接被眞主的眞言所啓發和引導。後一解則構成蘇非主義靈魂觀的源頭，謂人類靈魂的本體乃是稟承自眞主智慧所洞照的靈覺，既是信仰也是智慧的源頭，唯有不受世俗微塵雜染所汙損的靈魂才可能參透眞主所啓示眞言的奧義，如同壁龕之燈可以領受並反照源自橄欖樹之光。可惜人類的靈魂容易受外界物質之誘惑，不斷地追求感官愉悅，因而這些物慾汙染了靈魂之本體，而使靈覺之光變得暗淡，蘇非修行的目的無非是拭去靈魂的汙染，而使其恢復清淨無染、足以返照眞主智慧的狀態。大部分的人耽溺物慾，食色之習性使得靈魂深處的靈智之光逐漸暗淡，只有遵照眞主所指示的正道，不斷刻苦修鍊自我，才可重新揭發內在的靈魂之光，並逐步尋覓其光源，終抵於親近眞主的境地。

　　蘇非主義的修行方法除了遵循伊斯蘭律法所明訂的宗教義務外，尚有獨特之「塔立克」（*tariqah*，修道）體系，其主要的法門是「寂克爾」（*dhikr*，記憶或唸誦），即通過不斷默誦或朗誦眞主的聖名，以默照眞主之德性而使個人的私慾雜念逐漸褪去，受意識活動所形塑之自我中心主義因此消解，不再能夠障蔽內心深處的靈覺之光，個體潛能一被開發出來，靈魂便開始了昇華的運動，歷經不同精神階段之後，終抵於親近眞主的最高境界。對於這最高境界到底是什麼狀態，歷來蘇非修行者有兩派說法：一則主張在親近眞主時，個人的小我將正面遭遇眞主大我的臨現，除了浸浴在眞主的恩寵與慈愛之外，六根六境之內之外空無一物；一則主張個人小我的存在完全消解於眞主的存在，靈魂的本體已和眞主的本體合而爲一，主客對待因此不再存在。不論是何種說法，此一靈魂昇

華的運動被歸納爲兩個主要體驗：「法納」（*fana'*）——意指靈魂的自我消解，和「巴卡」（*baqa'*）——意指活在眞主的永生之中。

歷代蘇非大師甚多，已經形成一個非常龐大的修行與密契主義哲學與文學傳統，其對伊斯蘭文明的影響至深且鉅。在此因篇幅有限，只能先切入生死的主題，介紹兩位最具影響力的蘇非導師的生死智慧，其中一位是哲學家，擇其談「生」的部分；另一位爲詩人，擇其談「死」的部分。

伊本・阿拉比（Ibn 'Arabi, Muhyiddin Muhammad, 1165-1240），以萬有一體哲學闡揚了宇宙萬物乃至人類的生成發展之創世奧義。作爲一神教思索神人關係起點的創世神話，阿拉比提供最系統性與形而上學的詮釋。阿拉比云：

> 眞主令天地永結連理，以化育諸子——礦物、植物、動物和精靈，祂欲令它們自地上產生。祂令坤地爲妻，乾天爲夫，乾天傳達眞主之諭令至坤地，如同男因交媾而以精水注入女體。當此一運動發生，坤地即化育出眞主所隱藏之萬物。……凡物之產生效應者爲乾父；凡物之承受效應者爲坤母。……此二效應共同化育生子。……精神爲諸父，自然爲生母，因其乃化生之本源。當精神轉向四大元素（地、水、火、風），它們因承受而變化，諸子——礦物、植物、動物和精靈——從自然之母現生。這其中最完美者是人類。

上段引文似爲《易經》的宇宙論與一神教創世論的巧妙結合。阿拉比的哲學被後世總結爲「萬有一體」（*wahdat al-wujud*, the unity of being），這和宋明理學以易學爲源頭所開展出來的本體論可說殊途同歸。就伊斯蘭創世觀的脈絡而言，因爲所有現象界的宇宙萬物之存有都是被一終極原因——眞主阿拉——所創造與推動而呈現

出來的，因此被創造就是從潛藏的狀態中被揭露出來，而成爲存有的狀態。

阿拉比透過個人的宗教冥想與體驗，對創世故事採取隱喻式的詮釋，以創造的行動爲眞主的神聖本質自我揭露的活動，所有宇宙萬象無非是眞主神聖本質的顯現。首先，從神聖本質顯現名理世界，再顯出大天使世界，繼而諸天使與精靈世界，最後便是形體與肉身的世界。所有上述神聖本質的顯現並不因出現之後而脫離其源頭，而是一種分分秒秒都在川流不息的流進流出的運動統一體。上述由神聖本質所最先顯現的名理世界，並非指世間假名和具有區別心的理智概念，而是構成宇宙萬物的本質或原型，只能由神聖理智所洞照。《古蘭經》的創世神話指出眞主親授亞當宇宙萬物的名稱，因而使人祖優於諸天使，成爲眞主在地球上的代理人，透過伊氏的詮釋，這些名理便是神聖本質所顯現的神聖屬性，只有人類的靈智可直接洞悉，是所有知識之最深奧、最究竟者。

阿拉比使用「大慈大悲者的吐納」，進一步闡揚其充滿奧妙的生命力之宇宙論；換言之，這一切的宇宙萬象之流出流入乃是由眞主發其大慈大悲之心的一呼一吸運動所推動的，因此在眞主每一次的吐納之間，宇宙就經歷一次創造毀壞的過程，故天地萬物除了由眞主神聖本質所顯現者之外，一切均屬無常。眞主以吐納所賜予之靈氣，乃購成宇宙萬有動力之根源。

《聖經》中夏娃從亞當的肋骨所創造出來的神話，常被視爲是隱含一神教的父權意識型態，但阿拉比卻有不同之詮釋。他將亞當和夏娃的關係和聖母瑪莉亞與耶穌的關係相比較，認爲這是眞主所顯示的兩個前後呼應的創造奧跡。若說夏娃從亞當被創造出來意味著女性從屬於男性，則耶穌從處女瑪莉亞之體降生，豈非又是男性從屬於女性？阿拉比拒絕此種一般性的解釋，而強調眞主在這兩個創造行動中揭示男性與女性間的相互涵容與相互依存的特質，這兩組關係顯示陽中有陰、陰中有陽的眞諦，此一陰陽合德的狀態從創世到救贖的過程中，是從合到分，分而復合的狀態，故耶穌的誕生

象徵救贖後回歸本源的新人類，實現了完整的人性，達到人性的聖化之終極目標。換言之，阿拉比強調人性本質上是同時兼具男性與女性特質，但真主在創造每一生命時，或令其具男性特質而使其內在缺憾的女性特質有待實現，反之亦然。人類存有的本質乃由其與神聖本質的關係所界定，每一個體內在的空虛驅使其實現更完整的人性，重新恢復與神聖本質之合一，故每一存在的生命總是處在未完成而待完成的狀態，洞見內在的空虛處便是人性聖化的起點。不只是人類，所有宇宙間其他有情無情之物，無不稟賦某種未完成而待完成的特質，如同《古蘭經》所言，宇宙到處充滿真主存在的跡象，這是真主對人啟示的另一個方式，宗教的智慧便是揭示此一跡象的奧義。

　　另一位蘇非導師魯米（Rumi al-Balkhi, Maulana Jalaluddin, 1207-1273），則譜寫出伊斯蘭文學傳統中最為真摯動人的詩篇，闡述從死亡到重生的救贖過程。魯米云：

　　我像礦物般死去而變成植物；我像植物般死去而長成動
　　物；
　　我像動物般死去而成為人。
　　為何我要恐懼？何時我因死去而下降？
　　然而，再一次我將像人般死去，而與被祝福的天使共翱翔；
　　甚且，我將通過天使的境界而向前邁進：除了真主之外，
　　一切終將毀滅。當我犧牲了天使般的靈魂，我將變成那任
　　何心靈都無法看透者。
　　哦！讓我不存在，因為——非存有以一種管風琴的聲調宣
　　告我們終將歸向祂。

　　魯米的詩篇乃是對《聖訓》的名言：「在你死前死去」的最佳詮釋。對於穆斯林而言，死亡只是通往來世的過渡，而今世只是旅人的客棧，就像穆斯林朝覲者從家鄉長途跋涉到麥加目的地之前

的暫時居留所一般，而眞主才是人生的最終歸宿，今世的功修只是爲後世天園的永生及眞主無限的恩賜做準備而已，而今世所獲得的榮華富貴只是身外之物，當最後審判日來臨時，對眞主判斷一個人的善惡果報之獎懲是毫無關涉的。魯米和其他的蘇非修行者一樣，除了視死亡只是一個休止符外，尚視其爲一項眞主所賜予的救贖契機，是使人看破世俗得失毀譽之虛幻性，以積極追求永恆眞理的機會。因此，魯米說：「眞主提供一項最佳的交易：祂買走你們那汙穢的榮華富貴而施予你們靈性之光；祂買走這腐朽冰涼的肉體而賜予一個超乎想像的國度。」

死亡象徵在魯米的詩作中主要代表蘇非主義者「法納」的歷程與境界，即怎樣透過實踐禁慾修行，揚棄塵世誘惑與牽絆，以準備在永生之日以清靜無礙之身心來迎向眞主，證悟「萬物非主、唯有眞主」的眞諦，此天命五功的第一功，經魯米的詮釋後，不再只是一單純教條，而是一種自我消解後的大自在境界。他在題爲〈靜〉的一首詩中道：

死亡吧，以便進入新生的愛。
你的路在另一邊豁然開朗。轉爲長空。
用斧頭砍向牢房的牆壁吧。逃。走出去，
像個煥然一新的人。立刻動手。
你被厚厚的雲層遮蓋了，滑到邊緣吧。死吧，
靜靜地。安靜是死亡最明確無疑的表徵。
你的前世從寂靜中瘋狂的逃離，無言的滿月這時出來了。

耶穌這位死後復活的殉道者，也常被魯米用來作爲闡揚死亡與淨化主題的象徵，這在〈春天是基督〉一詩中生動地展現出來：

春天是基督，從裏屍布中喚起殉難的植物。
它們感激地張大嘴巴，渴望被輕吻。

玫瑰和鬱金香散發的紅光顯示出它們內裡有一盞燈。

一片葉子在顫抖。我也在如絲綢的風中顫抖。

香爐被煽旺成烈燄。風是聖靈。群樹是瑪莉亞。

看看丈夫和妻子，怎樣用雙手玩著微妙的遊戲。

來自亞丁灣的雲朵，如婚姻的風俗一般投向這對戀人。

約瑟衣服的氣味吹送到雅各的鼻孔。

發自葉門的笑聲傳到了麥加的穆罕默德耳中。

魯米這種天馬行空似的手法，從猶太教先知、基督教聖徒翱翔至穆聖，並由宇宙萬物諸有情合奏讚頌生命的交響樂章，這似乎體現了蘇非聖者的大自在境界。

愛情是另一魯米詩作中突出的主體，且經常以象徵式的手法和死亡主題形成對位式的發展，並以此來表現「巴卡」神人合一之過程與境界，不過此一象徵更充滿曖昧性，因為有時其詩讀來更像是對人間情愛的直接歌頌，而非只是象徵。但這又何妨？按照蘇非傳統的觀點來看，世間情愛的終極實在不就是真主神聖之愛的顯現嗎？從阿拉比的「萬有一體」到魯米的「覺萬物皆有情」是很自然的發展。魯米的詩人天賦與神祕家的修鍊使其能諦聽宇宙天籟，覺察有情無情眾生的泣訴、空虛的嘆息、失戀之哀歌，以及對真愛的期待。但體證真主之愛的歷程是相當艱苦的，經常以無常和空虛感為起始。在魯米最著名的蘆笛象徵中道出此種從無常、無根而至體悟真愛的艱苦過程：

請傾聽蘆葦所訴說的故事，一個關於被拆散的故事。

自從有人把我硬生生從蘆塘砍下，我就有了一副悲哀的嗓子。

任何曾被迫與愛人分離的人，都會瞭解我的哀怨。

任何曾被迫和根源分離的人，莫不企盼著歸根……。

軀體從靈魂流出，靈魂從軀體中升起：這混合無所遁形。

但那並未使我們得見靈魂。蘆笛是火，不是風。成為那虛

空吧。

聽愛的火舌糾結在蘆笛的音符裡，如困惑融入醇酒。

蘆葦是傷口和藥膏的組合，親密和渴望親密是同一首歌。

毀滅性的屈服，與優美的愛情同在……。

魯米的詩作充滿了象徵性與音樂性，且其飛躍式地使用典故，常令讀者心眩神迷，但實際上其內含的哲學是完全遵循蘇非主義大傳統，他那種神游於天地之間、參萬有之造化、從平凡中見真主之大慈大悲的境界，令人聯想起中國的莊子。

今日充滿著世俗與功利價值的文化氣氛之下，世間學問的探討也出現了追求實用主義與科技至上的危機，如此則不只無法矯時局之弊、重振生命人文的關懷，反而與瀰漫著唯物主義意識型態、標榜科學第一的世俗價值一樣，為人類文明開闢一條通往「美麗新世界」的不歸路。若以伊斯蘭生死觀而言，此種唯物主義思想，比之偶像崇拜的行為更是罪莫大焉！以蘇非的靈性觀而言，今日新千禧年的人類處境，乃是內在的物欲靈魂自我幻化投射的結果，若人們無法返照自性，只想以物證物的話，只有沉淪於存有之異化，永難找回存有與神性的一體，而這也是吾人研究東、西各大宗教傳統的生死學時，所要謹記於心者。

參考文獻

伊斯蘭之光網站：http://www.islam.org.hk/12/04/2014。

馬堅譯（1986）。中文譯解古蘭經。麥地納：法赫德國王古蘭經印製廠。

蔡源林（1999）。伊斯蘭蘇菲主義的生、死與愛。當代，第146期，頁42-55。

Nasr, Seyyed Hossein著（2002）《伊斯蘭》。王建平譯。臺北：麥田。

Rumi, Maulana Jalaluddin著。梁永安譯（1998）。《在春天走進果園》。Coleman Barks英譯。臺北：立緒。

問題與反思

一、伊斯蘭教「前定」信仰的具體內涵為何？請嘗試從《古蘭經》的內容闡述其要點。你認為抱持此一信仰者，對生命的態度會產生何種效果？

二、請說明伊斯蘭教天命五功的要旨。你認為五功的生命修鍊，對個人身、心、靈各面向的影響為何？

三、請提出你對蘇非導師阿拉比的生命觀與魯米的死亡觀的個人心得感想。

延伸閱讀

中國回教協會網站：http://www.cmainroc.org.tw/12/04/2014。

馬賢譯（2002）。聖訓珠璣。北京：宗教文化出版社。

蔡源林（2011）。伊斯蘭、現代性與後殖民。臺北：臺大。

Ahmed, Akbar S.著，蔡百銓譯（2003）。今日的伊斯蘭：穆斯林世界導論。臺北：商周。

Armstrong, Karen著，王瓊淑譯（2001）。穆罕默德：先知的傳記。臺北：究竟。

Eliade, Mircea著，楊素娥譯（2001）。聖與俗——宗教的本質。臺北：桂冠。

Kramer, Kenneth著，方蕙玲譯（1997）。宗教的死亡藝術：世界各宗教如何理解死亡。臺北：東大。

Naipaul, V. S.著，秦於理譯（2002）。在信徒的國度：伊斯蘭世界之旅。臺北：馬可孛羅。

Robinson, Francis等著，黃中憲譯（2008）。劍橋插圖伊斯蘭世界史。臺北：大雁文化。

第八章

生命教育教學資源運用之探討

紀潔芳

摘要

　　生命教育不是要教得悲悲戚戚，宜教得生動有趣且觸動人心。欲令教學成效殊勝，除教師素養外，靈動活潑教學方法的搭配，多元教學資源的運用及體驗活動的實施皆很重要。本章分享在生命教育教學中常用及深受肯定的視聽媒體及相關繪本，並敘說其教學成效。

壹　前言

　　生命教育之教學冀能觸動學生，教學資源之適當運用常有相得益彰之功效。所謂教學資源乃指一切可輔助教學活動進行之媒體均屬之；如視聽媒體、繪本、教案、教科書、教具（如手套偶等）。本章以生命教育課程中重要教學單元「生命意義探索」、「品格教化」、「創造力與溝通藝術」、「憂鬱症認知」等單元探討教學資源如何運用於教學中，有關繪本則以功能性分類介紹。

貳　視聽媒體融入生命教育教學

一、「生命意義探索」教學資源之運用

　　「生命意義探索」在生命教育中是重要單元，也屬較嚴肅的主題。除理論講述外，可融入視聽媒體觀賞及體驗活動，皆有助於學生之體悟。

　　(一) 觀賞「哆基朴的天空」DVD 30'（韓國動漫）
　　故事分四段，乃狗大便與泥土、樹葉、母雞及蒲公英之對話。通常會先播放影片讓學生觀賞，看一段討論一段。觀賞後，學生有熱烈的討論，有四位學生的看法特別深刻：
　　1. 甲：「我喜歡劇中的泥土，泥土給我的啟示是做一行要像

一行。泥土在種馬鈴薯時，用心把馬鈴薯種好。現在要去蓋房子，要把房子蓋好。將來如能回到田裡，要把稻米種好，這就是生命的意義。」學生們還是很有悟性。

2. 乙：「生命的意義，就是活在當下，就是在每個當下把自己的角色扮演好。」

3. 丙：「泥土原本以為自己死定了，但沒想到被農夫救回來，所以不可輕易放棄自己，有呼吸就有希望。」

4. 丁：「泥土是好人，他說『人要死的時候會很害怕，尤其是他曾經做了不能彌補的壞事。』其實泥土沒做什麼壞事，他只是動了壞念頭：『這些小辣椒苗，一直吸我的水，讓他們死掉好了。』人起了壞念頭能改過懺悔，就是好人。」

(二) 進行「正念減壓」的體驗活動

這原本是屬於「正念減壓」（MBSR及MBCT）的活動。筆者分別讓學生品嚐兩顆葡萄乾，一顆是慢慢嚼，去感受嚼的感覺。一顆是一面嚼一面體會農夫的辛苦。學生的回應有：

1. 有多位學生回應慢慢嚼的味覺變化或聽覺或觸覺變化。但有位學生說從Doing到Being的感覺真好。「存在」就是生命的意義！另位學生說：「『慢』的感覺真好！」

2. 有學生說吃第二顆葡萄乾有「感恩」的感覺。也有人說從前一大把葡萄乾放入口中沒有特別感覺，現在只「品」嚐一顆，都有幸福感！

二、「品格教化」單元之教學

品格是教的嗎？除教學外，尚須透過身教、薰習陶冶、體驗、討論及感悟等相輔相成，以下分享教學資源運用之教學案例。

(一) 真正的勝利者DVD

《真正的勝利者》故事述說一位韓國留學生在牛津大學求學，雖然每天需要工讀，但成績一直維持第一名。有一天生病了，

又逢考試，英國同學認為這次一定可以把第一名奪回。沒想到成績公布後韓國的金同學還是第一名。感人的故事發生了……。在《真正的勝利者》教學中，當英國同學們很訝異這位韓國同學還是拿第一名，每次拿第二名的布萊恩還是名列第二時，這位韓國金同學走出來告訴大家：

「當我生病時，心裡非常焦慮，要考試了怎麼辦？沒想到，布萊恩每天晚上帶著老師上課的筆記來看我，分享給我。他才是真正的第一名。」

在二十一世紀的今天，提升學生的競爭力是很重要的，要贏別人，不是踩在別人的肩膀上去的。要有開闊的心胸、遠大的眼光、擁有悲天憫人的情懷，這才是真正的軟實力。生命教育有句經典的話「要在別人需要的地方看見自己的責任」。

(二) 媽媽的教誨DVD

《媽媽的教誨》故事是一個鄉村的年輕老師，每天要走五公里的路到學校教書。有一天早上他不小心摔到水裡。筆者按暫停鍵，問學員，「如果是你摔到水中，全身濕答答，請問第一個念頭是什麼？」學員思索了一會兒，開始陸續回答：

「我好倒楣哦！」

「看看全身，還好沒有受傷。」

「我要趕快回家換衣服。」

「趕快起來，繼續往學校走。」

筆者問：「你全身濕濕的，怎麼辦？」

「我走到學校衣服都快乾了。」（多麼盡責又充滿自信的老師！）

筆者曾經問過小學生，他說：「如果摔到水裡，我順便玩水一會兒再起來，起來時順便抓一條魚。」

另一位小學生說：「我要設法造一條橋可以雙向行走。」

令筆者最感動的答案是：「我要先把石頭擺穩。」這是一個非常有生命理念的人，自己全身濕濕的，但是要先把石頭擺穩，不要

讓別人再摔跤，多麼開闊的心胸。一個人做好事，別人知道，這是陽德。做了好事，別人不知道，甚至受委屈，這是陰德。陰德是可以庇蔭，可以化險為夷、轉危為安，可以遇到貴人的。

筆者接著播放DVD，果然媽媽看到全身濕答答的老師回來換衣服，先問道：「你有沒有把石頭擺好？」老師慚愧的臉紅了起來。媽媽說：「趕快回去把石頭擺好，再回來換衣服，這樣怎麼當老師呢！」兒子都已經回到家了，但媽媽還是讓兒子先回去把石頭擺好，因為怕在這段時間中又有人摔到水裡，能替別人設想，這就是靈性的健康。

筆者告訴學生，有一種人要離他遠遠的，否則會一輩子倒楣，當他從水裡站來起大聲罵道：「這是誰？沒有把石頭擺好，讓別人摔跤全身濕答答。這是誰？」像這樣的人一碰到不順的事情，總是怨天尤人，不反省自己，缺乏正向的力量，他是不會改運的，一輩子倒楣。

人生常會碰到不如意的事情，如果有正向的力量，心裡一轉，周遭一切氛圍都會轉順。例如，一杯甘露水倒下，連忙扶起，還剩一半，有人會說：

「好倒楣哦！好可惜，只剩下一半！」

也有人會說：

「幸好，還有一半！」

你要為失去的一半一直沮喪嗎？還是要為倖存的一半慶幸呢？

以上這兩故事出自《蜜蜜甜心派》，其DVD內的304個故事，都非常感人，在寓學於遊中可收到品德涵養自然的功效。在臺灣有些小學會播放給學生看，每天兩個故事，學生在欣賞DVD中收到品德薰習潛移默化的功效。

(三) 有關品格教化之教學資源

1. 《蜜蜜甜心派》是品格教學非常重要的教學資源，內有304

個故事，每6個故事約6分鐘，故事內容非常動心，是學生非常喜愛的DVD，目前在網上可用「幸福的好滋味」購得。

2. 品德教育影片（DVD，中小學教師專業發展研發中心製作）（http://goo.gl/vj5Uj8）

專為品格教育製作的教學資源，內容生動活潑，多元表達。在影片中可聽到年輕朋友的心聲，亦可聽到學者專家的中肯意見，運用在教學效果頗佳。內容可供小學、初中高等不同齡者使用。

3. 心靈好手——謝坤山（DVD，生命勇士慈濟大愛出版）

4. 媽媽的臉（DVD，孝順與關懷，安寧療護基金會出版）

5. 最後的禮物（DVD，臨終關懷，蓮花基金會出版）

6. 生命中最重要的事（繪本，誠實）

7. 黑暗中追夢（DVD，生命勇士，惠明學校）

8. 空中的飛船（繪本，創造力與世界關懷，臺灣維京出版）

9. 花婆（繪本，關懷世界，三之三出版）

10.萊恩的願井（繪本，關懷世界，張老師／DVD，周大觀文教基金會出版）

11.讓愛傳出去（影片，關懷世界）

12.翻滾吧！男孩（影片，堅忍毅力）

13.天之驕子（影片，品格決定一生的命運）

14.楊素眞（2015）四聖諦對國小學童生命教育之行動研究——以低年級為例。南華大學碩士論文（未發表）

15.施昀廷（2010）《了凡四訓》融入生命教育教學對國小學生生命態度之探討。南華大學碩士論文（未發表）

16.周慧美（2009）《菜根譚》融入小學二年級生命教育之行動研究。南華大學碩士論文（未發表）

施昀廷老師碩士論文「《了凡四訓》融入生命教育教學對國小學生生命態度之探討」，以《了凡四訓》這本書為教學內容，透

過活潑生動之體驗教學，以準實驗研究法進行對照組與實驗組之前測、後測及追蹤測，以量化方法探討對國小六年級學生生命態度之影響。

周慧美老師碩士論文「《菜根譚》融入小學二年級生命教育之行動研究」，以佛光菜根譚為教學內容，採行動研究法對小學二年級學生實施生命教育此乃古書今用，將中華文化融入品格教育及生命教育中。屬實證性的研究論文，值得推廣。

又楊素真老師碩士論文「四聖諦對國小學童生命教育之行動研究——以低年級為例」，凡學佛者皆知四諦法較為深奧，如何實施於小學二年級的學生？但用心拜讀其論文，楊老師用了一年半時間在指導教授悉心引領下，深入淺出的將四諦法之原理運用於日常生活中且成效殊勝，這是理論與實務結合之成功案例，亦值得推廣。

有關初高中教師在職進行之碩博士論文，有關品格教育者亦不少，皆非常務實，有興趣者可以生命教育、品格教育、道德教育、職業道德、企業倫理等關鍵字搜尋「臺灣博碩士論文知識加值系統」，可參考到不少精彩的研究報告。

三、「創造力」與「溝通藝術」教學單元

生命教育課程需培養學生兩項重要能力即「創造力」與「溝通藝術」。有創造力則具有解決問題能力，相對抗壓性能提升。有良好溝通能力則有良好人際關係。有關教學資源的運用如下：

(一) 心靈好手——謝坤山（VCD 24分鐘慈濟大愛）

謝坤山在13歲時小學畢業，家中貧窮無法升學，只好打工幫助家計。16歲在打工中誤觸高壓電截肢，失去雙臂及右腿、右眼亦受傷。但看過VCD的人都感佩不已。24分鐘的影片分三部分，介紹謝坤山如何用創造力克服生活中種種困難，如吃飯、洗臉、畫畫、幫忙做家事；如何創業——用口畫出讓自己感動、別人感動的畫；第三部分，如何以同理心去幫肢障朋友畫畫及充實人生。學生

賞析後的感覺是：困難總是存在，有創造力就有辦法解決。更由謝坤山故事中體會到原來「命運可以自己創造」。謝坤山從13歲到24歲都打工維持家計（連受傷也不例外），24歲的某天忽然警覺「我不要永遠過這樣的日子，我要改變命運」，白天還是繼續打工，晚上去念夜間部補習學校初中一年級，不計辛苦、日以繼夜，歷經6年，高中畢業時已30歲，還繼續升大學。謝坤山目前已是世界有名的口足畫家，也有幸福美滿的家庭，和夫人伉儷情深，兩個女兒大學畢業，都很有成就。謝坤山先生的故事在生命教育許多單元中都是適切的教學資源，如「生命意義」、「創造力」、「生命典範」、「價值觀澄清」等。

(二) 雙手萬能DVD

　　「手影」是一部賞心悅目約8分鐘的微電影，在美妙歌聲中看到兩隻手的手影模仿動物，千變萬化、唯妙唯肖。觀賞後學生說：「老師！我從來沒想過手影遊戲配上音樂就非常生動出色。老師！我們來舉行手影比賽，兩個人一組，四隻手就有更多造型。」學生可塑性大，只要稍加引領，即能青出於藍，勝於藍。

(三) 案例分享──溝通藝術運用之妙，常有小兵立大功、四兩　　　撥千金之功效

1. 「畫我大樹畫我家」體驗活動，創造力與溝通藝術結合（參考紀潔芳，2015a，頁66）。

2. 四兩撥千金
　　「改變一生的一句話」。印度影片《心中的小星星》，是敘述一位有學習閱讀障礙小男孩的故事。因為周邊的人，包括爸媽、哥哥、校長及老師都不大瞭解閱讀障礙，以致小男孩伊翔被責罵其學習不專心，小孩已面臨快崩潰的邊緣。唯小男孩非常有美術天分，當美術老師第一次看到他時，眼淚差點奪眶而出，因為老師看到了小時候的自己，因此下定決心要突破小男孩的困境。老師對小男孩說：

「你知道愛因斯坦嗎？你知道愛迪生嗎？知道安徒生嗎？知道華特迪士尼嗎？他們小時候都有閱讀障礙，你相信老師小時候也是閱讀障礙嗎？……」小男孩眼睛霎時亮了起來，原來我是有希望的。當一個人有自信時，他是神采飛揚的！四兩撥千金，一句話改變了一生。

3. 一句話獲致6,500萬補助款

你相信一句話可爭取到6,500萬元之補助款嗎？猶記在九二一大地震中，臺中市新社鄉之協成國小家長，寫了一封信給王永慶先生，一開頭稱謂寫「王宗長（王姓家族的大家長）……」可見寫信的家長姓王，他說：「在九二一地震中，我們全校的校舍都倒了，我們是山中的小學，全校學生僅兩百多人，但60%以上的學生都姓王，您願意來樂建這所學校嗎？」這60%以上的學生都姓王，深深打動了王永慶先生，二話不說，承擔樂建學校大任。重建之學校，不但抗震性強，還要有網路環境的設施。2年後，新校舍落成，花了6,500萬元，僅憑一句話：「60%的孩子姓王。」因為它觸動人心！

四、憂鬱症的認知

憂鬱症是二十一世紀不容忽視的病症，且罹患者的年齡層正下降，甚至有小學高年級的學生及國中生因憂鬱症而自殺，令人心痛。故對憂鬱症的認知是老師、家長，甚至是青少年的基本常識。憂鬱症認知之視聽媒體很多，筆者特推薦董氏基金會編輯出版之四片。

NO.1「下一次微笑」，30分鐘VCD附指導手冊，適合小學高年級以上學生及教師、家長觀賞

NO.2「當旋律響起」，30分鐘DVD附指導手冊，適合小學高年級以上學生及教師、家長觀賞

NO.3「17歲的冬天」，30分鐘VCD附指導手冊，適合教師及

家長觀賞

NO.4「記錄」，30分鐘DVD附指導手冊，適合高中以上學生、家長及教師觀賞

此四片皆眞實故事，惟請年輕朋友之偶像主演，在溫馨劇情中，介紹憂鬱症症狀、原由、照顧、復原、復發，也帶出父母親對子女宜有之關懷及支持。NO.3較適合家長及教師觀看，有時資優的孩子是經不起挫折、求好心切、一點小挫折就失意連連，甚至走上不歸路，不可不重視。NO.4是大學生感情失落而引起之憂鬱症。以上四片視聽媒體所要傳達之訊息是：

(一) 憂鬱症有哪些症狀。

(二) 憂鬱情緒和憂鬱症是不同的。

(三) 憂鬱症經由醫生的協助及按時服藥是會好的，但要有耐心，有時需三、四個月以上。

(四) 惟憂鬱症會復發，需要家人、朋友的關懷及支持。

(五) 憂鬱症有哪些支持系統，如以「憂鬱症」或「董氏基金會」爲關鍵字可上網查到許多資料，可下載量表自我檢測，亦可查到支持機構。

參 繪本融入生命教育教學

一、繪本的特色

繪本是許多孩子喜歡的讀物，不只小孩或青少年、成年人及銀髮族朋友都喜歡閱讀繪本。繪本的確有許多特色：

(一) 繪本有明確主題、文字簡潔、繪圖生動、常能觸動人心，且回味無窮。有趣的是，有時識字不多的小孩看繪本也能懂個大概。

(二) 繪本是老少咸宜，也幫了父母親很大的忙。平時很難以說清楚、很難以啓齒的問題，通常可透過繪本較輕鬆的溝

通：

如《我從哪裡來》（麥克）、《我是怎麼了》（遠流）、《我家寶貝要出生》（奧林）、《有什麼毛病》（遠流）等繪本，會坦誠告訴孩子，愛的結晶是如何成形的，小baby是怎麼出生的。

如《家族相簿》（和英）、《不要隨便摸我》（大穎），藉由故事、透過文字告訴孩子有關性騷擾、性侵害的問題。

如《好好哭吧！》（大穎）、《爺爺有沒有穿西裝》（三之三）、《再見愛瑪奶奶》（和英）、《恐龍上天堂》（遠流）等書，會告訴孩子《死》是怎麼一回事，死後會到哪裡去。

(三) 繪本圖文的賞心悅目、妙然成趣、常可令人在輕鬆休閒中，體悟人生真諦：

如《一片葉子落下來》（經典）、《露芭─貝爾森的天使》（道聲）、《和爸爸一起讀書》（維京）等，都是百看不厭的好書。

二、銀髮族智慧的故事

俗語說家有一老，猶如一寶，老人家有豐富的經驗閱歷，藉繪本分享老人家的智慧。如：

《艾瑪奶奶》（三之三）寂寞的老人如何學畫畫找到人生樂趣。

《雷公糕》（遠流）以奶奶的智慧幫助孫子驅除對打雷閃電的害怕。

《橋的孩子》（大穎）小孫女喪失雙親的傷痛，藉奶奶在日常生活中慢慢調和。原來奶奶才是悲傷輔導的高手。

《奶奶的時鐘》（道聲）奶奶如何運用大自然的更替及日常生

活的邅流計算時間,這是最珍貴的生活智慧。

其他如《外婆萬歲》(東方)、《爺爺一定有辦法》(上誼)、《跟阿嬤去賣掃把》(臺灣真少年)、《佐賀的超級阿嬤》(先覺)、《後山的螢火蟲》(知本家)、《跟著爺爺看》(遠流)等都是很精彩的繪本。通常祖父、祖母、外公及外婆帶孩子的方式是和父母親不同的,老人家的生命經驗非常豐富,寬融性較大且教導方式較柔和,給了孫子們終身受用的生活經驗及處世哲學。在長青大學,老人家藉繪本故事閱讀也學到了其他的老人家如何過日子!

三、父母親必須讀的繪本

此類繪本分兩段:

(一) 父母親處理孩子問題的智慧

父母親沒有不疼愛孩子的,惟是感性關懷或是智慧型關懷則大大不同:

當孩子生氣,或害怕黑暗、害怕獨處或常做惡夢,《生氣湯》(國語日報)、《野狼盒》(大穎)的做法很值得參考。

當孩子要進入小學一年級讀書時,是父母親非常的頭痛時間,讀讀《媽媽心‧媽媽樹》(國語日報)、《姊姊畢業了》(董氏)的繪本,相信父母親會發出會心的微笑。原來可以這麼做!

當孩子寵物死掉了,從《再見!毛弟》(悅讀)繪本中可知道幼兒對死亡的心境轉變及父母親的智慧對待。

《和爸爸一起讀書》(維京)是一本非常溫馨的書,培養孩子良好的閱讀習慣是送給孩子最大的資產,不僅孩子終身受益,孩子也會以同樣方式再傳承給他的孩子。

父母親和諧相處是一個家庭最幸福的事,如果勢必離婚,也要讓孩子的傷害降到最低。雖然孩子是很弱勢的、很脆弱的,孩子的聲音是很細小的,但我們要聽聽孩子的心聲,要知道孩子在想什

麼，下面繪本是父母必讀的：《媽媽外面有陽光》（和英）、《我真想要一棵大樹》（巨河）、《寫信到天堂》（心樵）、《好事成雙》（格林）、《當爸爸媽媽不住在一起》（遠流）、《萱萱的日記》（道聲）。

《希望的翅膀》（格林）可分屬父母必須讀的繪本，也可列為地震系列的繪本。

(二) 父母親喪失子女悲傷輔導之繪本

喪失子女是父母很深很深的痛。《傷心書》（維京）、《曼先生的旅行》（三之三）、*"Tear Soap"*、*"On the Wings of a Butterfly"* 皆描寫父母親心中喪子之痛及走過悲傷的歷程。

四、同類別繪本之前呼後應

有時相同類別的繪本串起來閱讀，前後呼應，亦別有趣味。

(一) 二次世界大戰猶太人的故事

自看過《露芭》（道聲）、《大衛之星》（格林）及《歐先生的大提琴》（維京）後，不由得想再翻出珍藏的《鐵絲網上的小花》（格林）及《請不要忘記那些孩子》（遠流），再配合上集中營孩子的畫，布拉格平卡斯教堂牆上有77,287位在集中營死亡的猶太人名字，都會令人唏噓不已。而其中《露芭》照顧54位集中營孤兒的英勇故事令人特別感動。

(二) 好老師系列

有許多書是好老師人物的描述；如《謝謝你福柯老師》（和英）、《檸檬的好滋味》（道聲）、《我有一位好老師系列》（DVD）、《老師上課了》的系列（DVD）、《心中的小星星》（DVD、閱讀障礙）、《叫我第一名》（DVD、妥瑞氏症）、《點》（和英）。

五、繪本專題

(一) 地震系列

《橋的孩子》（大穎）、《1000 把大提琴的合奏》（遠流）、《阿讓的氣球》（維京）、《希望的翅膀》（格林）、《鞦韆‧鞦韆飛起來》（遠流）、《總有一天，想回去我的故鄉》（親子天下）。

(二) 寵物及寵物離開系列

《我永遠愛你》（上誼、小狗去世）、《再見麥奇》（心理、小貓走了）、《毛弟，再見了》（悅讀、失去小老鼠）、《想念巴巴》（東方、失去小貓）、《再見斑斑》（漢聲、失去小狗）。

肆　其他教學資源

教學資源除視聽媒體及繪本外，如手套偶、立體書等，都可運用於教學中。筆者蒐集許多手套偶、手指偶，讓學生自行編故事，選適當之手套偶或手指偶演戲。沒想到學生想像力非常豐富，編的故事唯妙唯肖、饒富意義。筆者有鳥巢布偶，內有三隻小鳥，想不到三位男同學及三位女同學編了非常精彩的故事。

一、「三兄弟的故事」

在上課過程中，有三位男同學選擇鳥巢的手套偶，有精彩演出：

(一)「各位好！我是老大，老大最好，長子倍受寵愛，穿新衣，但父母給予的責任及期盼也最重！」

(二)「各位好！我是被忽略的老二，對上要敬哥哥對下要讓弟弟！」

(三)　「我是老么！最受寵愛的，但常穿哥哥的舊衣服，在家
　　　中講話最沒地位。」

二、「五姊妹的故事」

有三位女同學演出另一段故事：

「各位好我們是五姊妹，我爸爸媽媽是偉大的建築師，他們要
生蛋時先築巢，好辛苦！一次一次銜小樹枝、稻草、黏土為我們準
備溫暖的家，我媽媽生了五個蛋，一個給老鷹叼走了，一個給小頑
童偷走，只剩下我們三姊妹，我們好珍惜彼此喔！」

三、「毛毛蟲變蝴蝶」

人生三際 —— 人生是一階段一階段的，就像毛毛蟲→蛹→蝴
蝶，研究者很高興在美國ADEC年會買了非常精采的手套偶。圖Q
是一隻毛毛蟲，但把布偶打開翻轉過來，即成為一隻美麗的蝴蝶，
如圖R。

圖A　布（手套）偶和布書

圖B　動物偶、手套偶

圖C　視聽媒體

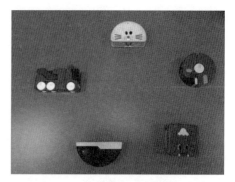

圖D　附有創意的玩具

圖E　玩具創意設計

圖F　玩具變成動物和交通工具了！

圖G　繪本故事，還有鳥叫聲！

圖H　故事中的鳥是立體的！

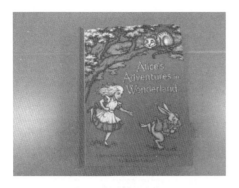

圖I　立體繪本故事書

圖J　故事中的場景是立體的！

圖K　故事中的畫面是立體的！

圖L　蝴蝶造型的手套偶

圖M　繪本故事內藏玄機！

圖N　繪本中的圖案是立體設計的！

圖O　花叢動物造型的手套偶

圖P　瓢蟲與烏龜的對話

圖Q　毛毛蟲

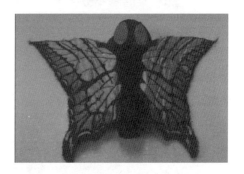

圖R　翻面轉身成美麗的蝴蝶

伍　討論

一、每一類教學資源皆可從不同角度運用於教學，如「哆基朴的天空」亦可用於天生我材必有用，讓學生多元適性發展。

二、在「下一次微笑」之DVD，多半教師會覺得此DVD對憂鬱症之介紹最有系統，且生活化，唯一挑剔的是琳琳的家庭實在太美滿，日常生活中實在難以找到這麼美滿的家庭。

三、有許多人認為繪本是給兒童看的，其實不然，運用之

妙，存乎一心。單看教師之巧妙運用，深者見深、淺者見淺。在安寧病房筆者亦運用繪本爲銀髮族朋友做臨終關懷，效果不錯，如《再見愛瑪奶奶》、《豬奶奶說再見》等。

陸　建議

一、運用各類教學資源輔助教學，助益提升教學成效，學校宜大力支持添購教學資源之預算，以利教學活動進行。

二、加強各校聯誼，回饋分享之教學資源可互爲交流。

三、在視聽媒體方面，要尊重智慧財產權，不宜隨意拷貝或轉寄他人。

四、在運用視聽媒體教學時，教師宜熟悉教學內容，有關引導語、觀後討論或學習單設計，皆宜有充分準備。

五、在課堂中運用之視聽媒體，最好在15至20分鐘，如果影片太長，教師可剪輯或分幾堂課處理。

六、教育主管單位宜舉辦地區間「生命教育教學資源運用研討會」，以互爲交流，相得益彰。

參考文獻

林眞美（2010）。繪本之眼。臺北：天下。

林瑞堂譯（2000）。你可以更靠近我──孩子怎麼看待生命與死亡。臺北：張老師。

紀潔芳（2006a）。兒童繪本在生死教育教學中之運用。何福田編生命教育。臺北：心理。

紀潔芳（2006b）。視聽媒體在生死教育教學中之運用。何福田編生命教育。臺北：心理。

紀潔芳（2015a）。生命教育教學資源運用。**打開生命教育百寶箱**。臺北：蓮花基金
　　會。

紀潔芳（2015b）。銀髮族臨終關懷服務之探討。生命教育你我它。臺北：蓮花基金
　　會。

陳書梅（2008）。**兒童情緒療癒繪本解題書目**。臺北：臺大圖書資源系。

問題與反思

一、你最喜歡的繪本是哪三本書？為什麼？

二、談談影響你最大的三部電影或微電影。

延伸閱讀

何倚雲主編（2010）。**臨終與生死關懷**。臺北：華都。

何福田（2006）。生命教育。臺北：心理。

幸佳慧（2005）。**掉進兔子的洞**。臺北：時報。

河合集雄等著、林眞美譯（2001）。**繪本之立**。臺北：遠流。

陳玉金（2015）。**繪本原創力**。臺北：小魯。

釋慧開（2014）。生命是一種連續的函數。臺北：香海文化。

第九章

生命教育推動實踐
——小學篇

黃月芳

摘要

　　藉由生命小語的串聯，將協進國小實施生命教育的背景和推動主軸作一敘述；其次是歷年來實施的歷程與特色；最後以一整學年的實施方案為範例，展現協進國小實施生命教育的全面性、多元性與創發性；末了則是對於實施生命教育的省思。

壹　前言

　　前教育部林思伶次長在2001年〈生命教育的理念與作法〉一文中，引用當時教育部推動生命教育委員會工作小組的成員們，在發行的倡導文宣上，使用了這樣的描述：

> 生命教育將成為全民終身學習的核心課題，使居住於臺灣的人們內心，進行下列美好的轉變，這些轉變包括：
> ◆有一顆柔軟的心，不做傷害生命的事。
> ◆有積極的人生觀，終身學習，讓自己活得更有價值。
> ◆有一顆愛人的心，珍惜自己、尊重別人並關懷弱勢團體。
> ◆珍惜家人、重視友誼並熱愛所屬的團體。
> ◆尊重大自然並養成惜福簡樸的生活態度。
> ◆會思考生死問題，並探討人生終極關懷的課題。
> ◆能立志做個文化人、道德人，擇善固執，追求生命的理想。
> ◆具備成為世界公民的修養。

貳　在協進遇見生命的美麗與悸動

　　生命有多長？生命就是活在當下，就在一吸一呼間。人生本是單行道，就好比是一張單程車票，沒有重來的機會，所以生命才如此珍貴！

　　民國86年因中學校園自我傷害事件頻仍，於是在曉明女中設立「倫理教育推廣中心」，並於各縣市設置中心學校；規劃國、高中職「六年一貫」的生命教育課程。但88年凍省後，整個計畫幾乎停頓。而後發生九二一大地震，加上經濟不景氣，連少不更事的孩子都感受到生命的不確定，所以89年3月教育部成立「學校生命教育專案小組」，由孫效智教授提出十一項目標。直至90年元月，當時教育部長曾志朗舉行「新世紀的第一道曙光——生命教育年」記者招待會，正式宣布90年為「生命教育年」。許多學校也認同生命教育的重要性，並辦理許多相關活動，但卻缺乏一個全面性、完整性的藍圖。

　　前教育部長曾志朗先生提出「根與翅膀」，是希望我們教育孩子，能給孩子扎下了根，讓孩子能站得穩、懂得惜福；有了翅膀，孩子們才能開拓視野，創作力才得以無限發揮。推行生命教育，不是掛在牆上的標語，應該要落實在生活中的每一刻。

一、學校簡介與概況

　　協進國小位於臺南市中西區，是所傳統的老校，面臨著商圈沒落和減班的壓力，從近百班到現今約40班；但由於歷任校長及教師的努力，不論在教學品質上的提升或行政執行力，都能獲得外界的肯定，其中關鍵在於我們擁有高學歷、素質齊一、年輕活力、熱忱敬業的教師，不管是生命教育推動、校本五條港課程規畫，以及校舍的更新與美化，都獲得家長及外界的高度肯定，因此能擺脫老校的束縛與刻板印象，突破傳統窠臼，不斷創新教學。

二、生命教育在協進

(一) 最初的悸動

　　九二一這個讓臺灣歷經十幾年至今仍無法走出陰霾的數字，也是觸動我在協進開始推動生命教育的動力。因為曾經是南投縣中寮鄉至誠國小的寄宿學校，因為曾經看到孩子們驚嚇又悲傷的容顏，

也因為九二一後大家才知道自殺與壓力不只在大人或國高中學生的身上；於是我們義無反顧的去實踐、去省思、去推行。

本以為經過了十幾年的休養生息後，九二一的傷痛應該已經遠去，但因為經濟的不景氣、家庭結構的轉變及生活的不確定感，加上2009年八八水災、2014年的高雄氣爆、2015年的八仙塵暴，到2016年發生在臺南的維冠大樓倒塌的0206地震；爾後的小燈泡事件，細數歷年來的社會新聞，同樣令人膽戰心驚……

> 相約集體自殺事件——「生」與「死」何者需要更大的勇氣？
>
> 攜子自殺時——孩子掙扎、害怕和疑惑以及想要掙開父母的手。
>
> 當老師、精神科醫師、算命師這些為人解惑的人都走上不歸路時……
>
> 我們不禁要問？我們的孩子怎麼了？我們的社會怎麼了？
>
> 我們多麼希望：生命如同一顆永恆的鑽石，透過學習，生命產生光和熱。一切學習的啟蒙來自老師，有太多人、事、物值得我們去學習，學習：有希望、有信心，去慈愛、有智慧……。（取自生命教育資源網）

(二) 推動理念與主軸

隨著九年一貫的實施，但當時並沒有將生命教育規劃在課程中，所以協進國小在訂定本位課程時就先把生命教育列為優先考慮；而校本課程的實施必須是全面性、延續性、有系統的規劃，因此全校必須要能有一個可行性的中心目標，能凝聚全校的共識並共同去完成。所以每年透過5月份的「人間五月天、溫馨滿校園」及11、12月份的「生命的光輝、把愛傳出去」的系列活動中，不分教、訓、輔、總，不管親、師、生，每一分子都是活動的主角，

並以「尊重關懷赤子心、感恩惜福溫馨情」爲主軸發展出各學年主題活動及全校性活動，並訂出以學校爲本位、呼應學生願景的能力指標，讓「愛」在班級中「心動」起來，讓孩子珍愛自己、關愛他人、愛物惜物，把每個孩子的「生命力」帶上來，每個人在自在的環境中，從自身做起，將對生命的尊重與關懷傳給身邊的每一個人。

　　本校從民國90年教育部長曾志朗部長正式宣布爲「生命教育年」開始，生命教育即在輔導室的推動下，深根於協進，爲提升學童對生命的體認，培養眞善美的人格養成，毅然帶領教師開始生命教育課程設計，一路走來，雖歷經挫折，但蒙張其淦、葉和源及新任的洪榮進三位校長大力支持之下，漸漸開花結果。歷年來的經營，除成爲臺南市生命教育中心，建置專屬網站，教案設計亦屢屢榮獲大獎。

參 化「心動」爲「行動」——執行內容

　　從一開始「就做做看」的簡單想法，生命教育就在協進漸漸播下種子，慢慢的發芽、成長、茁壯，並開出滿室馨香；我們希望孩子在這座由老師的「愛」與「智慧」堆砌而成的花園中，凝聚成一股無窮的能量，更散發出光和熱，溫暖每個人的心田。或許我們無法用一時的感動，陪孩子走過一生苦難，但只要在孩子未來人生歷程中，因爲一句話或一個想法而轉個彎，就不會有那麼多的遺憾了。

　　每年我們規劃全校性的系列活動，並結合各學年自編的教學方案，營造出整體的「正向環境」，從生活體驗及省思中讓孩子也將這份愛的正向力量傳遞給自己周遭的家人，讓這些不僅是教學，更是全校親、師、生共同的生活故事與生命學習。

一、建立生命教育種子團隊

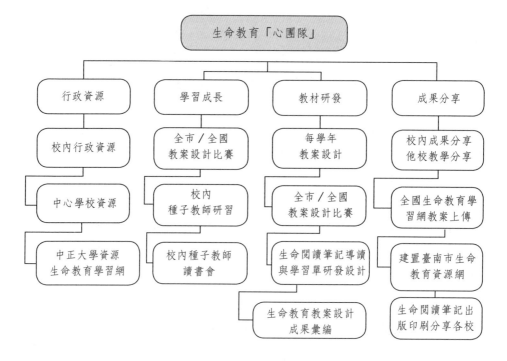

我們最初的成員及分工

執掌	姓名	職稱	工作項目	備註
召集人	葉和源	校長	支持、鼓勵的大老闆	
總舖師	黃月芳	輔導主任	熱情、執著、創意、擬定菜單	種子教師
採購小組	田旭展	教務主任	任勞任怨使命必達的後勤部隊	
	郭孟芳	教學組長	笑口常開的支援小組	
營養小組	王嘉玲	輔導組長	組織、行動力兼具的營養師	種子教師
	侯秀雯	資料組長	低調、盡職的調味師	種子教師
	郭冠輝	資訊組長	行銷、負責的資訊高手	種子教師
	林佑儒	科任教師	筆鋒細膩的果雕師	種子教師
特級廚師	許春霞 陳怡慈 吳美杏 王佳茹 李建霖 柯玫君 陳秋燕	級任導師	果決、明確的先鋒部隊 廚藝、創意兼具的大廚 總會變化出新奇又營養的菜色	種子教師

二、全校性活動

協進從一開始就是以全面性的實施爲前提，所以團隊成員除了是各學年的種子教師做教學研發之外，亦規劃全校性的生命教育系列活動，共同營造全面性、多元性的生命教育氛圍。

以協進國小103年學年度的生命教育全校性活動爲例，從8月的新生始業輔導開啓，到10月的生命教育月規劃，一直到下學期的義賣活動和畢業班活動，再搭配各學年的教學活動，建構協進國小的生命教育藍圖。

序	實施主題	實施時程	實施對象	實施內容	備註
1	啓智慧、續傳承健康樂活上學趣	103.08	一年級新生及家長	1. 相見歡 2. 頒發新生託付書 3. 大手牽小手 4. 敬師奉茶儀式 5. 新生拜師禮 6. 點硃砂開智慧 7. 新生見面禮 8. 閱讀起步走贈書 9. 五育大挑戰 10.開啓探索學園之門	
2	生命教育月系列活動「愛‧從心出發」	103.10	全校親師生	第一週：宣導 「愛‧I‧從心出發」：透過影片欣賞及天使媽媽的宣導，讓學生認識自我生命的價值及意義。 第二週：體驗 「守護地球心動力」：透過「地球憲章記錄表」，從尊重生命、愛護環境、減少慾望及公民責任四個向度，實際體驗對地球的承諾。	

序	實施主題	實施時程	實施對象	實施內容	備註
				第三週：省思 「生命逆境心感動」：邀請生命鬥士蒞校分享其奮鬥歷程，培養學生挫折容忍力，學習正向思考之能力。 第四週：實踐 「愛‧溫暖你我的心」：邀請世界展望會宣導，並於當週實施「愛的麵包」活動，以行動關懷社會。	
3	聖誕小天使	103.12	全校親師生	透過學習單的方式，讓學生思考如何當一個聖誕天使，分送禮物給需要的人。	
4	祈福卡	103.12	全校親師生	結合聖誕節在學校玄關布置一棵大型聖誕樹，讓學生將寫好的祈福卡掛在聖誕樹上。	
5	生命體驗闖關活動	103.12	全校師生	於信義樓前設置設計眼、耳、口、手、腳五個障礙闖關活動，由各班級於上課時間集體闖關或個人於下課時間自由闖關，並領取紀念品。	
6	創意親子「心」貴派	104.02 ｜ 104.04	一、二年級親、師、生	配合「心」創意寒假作業 1. 規格：A4大小、顏色、材質及表現方式不限 2. 親子共同創作 3. 以蛋糕、披薩或千層派等為造型發揮創意 4. 可以家庭共做或小組共做	
7	協進成長印記PPT製作比賽	104.02 ｜ 104.04	六年級	結合資訊教育，讓六年級畢業學生藉由資料蒐集的過程中，回憶在協進成長的點點滴滴，對於師長、同學、景物及難忘的事件等，成為畢業前最動人的故事。	

序	實施主題	實施時程	實施對象	實施內容	備註
8	用愛溫暖你我的心——義賣活動	104.4	全校親師生	配合兒童節辦理全校跳蚤市場愛心義賣活動，每班設立攤位進行，從募集、清洗、分類、標價、海報到叫賣，全都由老師指導學生完成，輔導室也設立聯合攤位進行敲響愛心鑼及物品義賣，並配合學習單讓學生省思，義賣所得捐助身心障礙協會、創世基金會及世界展望會。	
9	尋找生命鬥士手工書	104.03 — 104.05	一至四年級	1. 讓學生藉由資料蒐集的過程中，瞭解到許多熱愛生命、珍惜生命的動人故事，進而體悟生命的可貴。 2. 將文字、圖像與資訊資料相結合，增進學生資訊及藝術與人文的涵養。 3. 透過作品內容激發學生感恩惜福、珍愛生命、尊重萬物的態度。	
	尋找生命鬥士PPT	104.03 — 104.05	五、六年級	【低、中年級】手工書 每人一張長80公分、寬18.5公分的書面紙，摺成六格後，將蒐集到有關熱愛生命的人物、故事或生活中美好、感動的事件，將其資料依照多元的方式呈現在六格書上，並加上美工設計。 【高年級】PPT簡報 至少10張Powerpoint頁面，首頁呈現標題（如：生命之美——○○○○）及作者（班級、姓名），內容含：圖片（照片）故事、感動與感想、未來展望等	

序	實施主題	實施時程	實施對象	實施內容	備註
10	晨光教學天使課程	103.10 ─ 104.05	四年級	由本校天使媽媽利用每週五晨光導師時間進行10週的課程，並進行前、後測之資料分析。	
11	心有籤籤結	104.04 ─ 104.05	全校學生	1. 輔導室統一發下64K美工紙。 2. 以20字為限，寫下體驗或教學活動的相關心得、感恩、惜福、期許或祝福等。每班擇優秀作品若干，於5月4日前交到輔導室，其餘張貼教室。	
12	宣導活動──生命教育劇場	104.6	三、四、五年級	由本校天使媽媽編排戲劇「小丸子劇場」，從小朋友的角度告訴孩子在面對同儕之間的情緒衝突時，該如何做好自己的情緒管理。	
13	體驗活動天使成長營	104.6	六年級	於六年級學生畢業前夕，分批安排半天的小天使成長營活動，透過戲劇及闖關體驗等活動，讓協進的孩子在結束國小學業前，作生命教育的最後檢核，完成的學生頒發「小天使證書」。	
14	溫馨創世情	104.06	六年級	畢業考後到畢業典禮前夕，由家長會及各班義賣所得，購買尿布，安排畢業班學生參觀臺南創世基金會，贈送物品及當一日志工，作為協進畢業生命之旅。	
15	生命教育教學活動	103.10 ─ 104.06	全校親師生	各年級透過自編、他編、融入或統整課程，並配合全校性活動或競賽的規劃，實施生命教育相關主題教學及體驗活動。	
16	歷年生命教育教案彙編	104.07	全校教師	徵集歷年來協進獲獎教案及教師自編教案，經過篩選及重新編排後，集結成冊並印刷出版。	

三、各學年教學成果

孩子就像風中翩翩飛舞的彩蝶，有些飛得高有些飛得低，

但她們都盡其所能的飛舞，

每個孩子皆不同，但都是特別的、都是美麗的。

每年透過6月份的校內教學成果分享，各學年代表將一年來學生學習的點點滴滴，藉由簡報及影片與全校的老師分享，彼此相互觀摩學習總能激盪出更精彩的火花。以下簡略介紹各學年教學成果：

年級	主題	活動單元
一年級	生活禮儀	1. 用餐禮儀 2. 居家休閒禮儀 3. 交通禮儀 4. 服裝禮儀 5. 禮儀之星
二年級	幸福的滋味──愛的拼被	1. 助人最樂 2. 施比受更有福 3. 愛的拼被
三年級	日本地震──引發核能問題	1. 教學活動 　·什麼是核能發電廠 　·日本核災 　·臺灣核電廠 　·要不要核電 2. 主要活動 　·繪製心智圖 　·你最重要的東西 3. 延伸活動 　·日漸沉沒的樂園──吐瓦魯 　·你可以做到的五件事
四年級	友愛同學·反對罷凌	1. 天使課程 2. 剪報分享與親師合作 3. 短劇演出與心得分享 4. 自我檢討短文寫作 5. 宣導海報創作 6. 反罷凌宣示

年級	主題	活動單元
五年級	散發生命的光和熱	1. 用愛彌補 2. 永遠的志工 3. 爸爸是醫生的老師 4. 我很幸福
六年級	溫馨月‧感恩情	1. 蜜蜜甜心派 2. 媽媽的鏡子 3. 魯冰花 4. 媽媽的帳單 5. 痛‧讓我懂 6. 感恩行動

肆　讓愛傳出去──我們的特色

一、建置生命教育學習網網址　http://120.115.16.5:8080/life/

二、社區及地方資源運用

因為辦理生命教育相關研習，與許多大專院校的教授有所接觸，包括紀潔芳老師、吳庶深老師及中正大學朱元三、張菀珍教授，並定期作教材的研發與分享。此外配合中正大學進行生命教育親、師、生相關研究，如生命教育實施的訪談、家長與學生問卷調查分析等。其他資源包括：

(一) 天使媽媽生命教育晨光教學
(二) 大愛媽媽靜思語晨光教學
(三) 劇團演出──天使生命劇場及大愛靜思劇場
(四) 故事媽媽每週二故事展演
(五) 彩虹媽媽、聖脈教會等團體

三、臺南市生命教育資源中心學校

(一) 規畫全市性活動及彙整相關資料
(二) 培訓臺南市生命教育講師團
(三) 辦理全市性校長、主任及教師研習
(四) 協助教育部訪視與教育局督導

四、協進100心閱讀──60本引導孩子視野的好書

因為種子團隊成員都喜愛閱讀，也將閱讀融入於生命教育教案設計中，加上本校有一位佑儒老師是名作家，怡慈、美杏都是語文研究所，加上我本人、春霞及嘉玲都是書癡一族，於是開始構思、選定書目並著手進行導讀編寫與學習單設計，歷經一年的撰寫及試教修改，終於在100年出版這本生命教育閱讀筆記書。

年級	序	書名	設計者	年級	序	書名	設計者
一年級	1	凱琪的包裹	許春霞	二年級	1	一片披薩一塊錢	許春霞
	2	會飛的抱抱	陳怡慈		2	星月	許春霞
	3	媽媽心媽媽樹	許春霞		3	敵人派	許春霞
	4	紅公雞	陳怡慈		4	我的妹妹聽不見	許春霞
	5	超級哥哥	陳怡慈		5	甜甜圈池塘	陳怡慈
	6	雨小孩	陳怡慈		6	想念奶奶	陳怡慈
	7	我有友情要出租	陳怡慈		7	大象男孩vs機器女孩	許春霞
	8	大頭妹	許春霞		8	漫畫蓮娜瑪莉亞	陳怡慈
	9	感恩之門	許春霞		9	小恩的祕密花園	陳怡慈
	10	波利你為什麼要吵架	許春霞		10	青蛙與蟾蜍	陳怡慈
三年級	1	夏綠蒂的網	王嘉玲	四年級	1	是誰在搞鬼	吳美杏
	2	女巫	王嘉玲		2	會飛的祕密	吳美杏
	3	隨身聽小孩	王嘉玲		3	最快樂的歌	吳美杏
	4	爸爸fun暑假	王嘉玲		4	晶晶的桃花源記	吳美杏
	5	波波寶貝	王嘉玲		5	誰搬走了我的乳酪	吳美杏
	6	晴天有時下豬	王嘉玲		6	老鼠湯	吳美杏
	7	拉拉與我	王嘉玲		7	山城之夏	吳美杏
	8	巴警官與狗利亞	王嘉玲		8	挨鞭童	吳美杏
	9	恐龍谷大冒險	王嘉玲		9	把這份情傳下去(1)	吳美杏
	10	頭頂長樹的男孩	王嘉玲		10	小豬唏哩呼嚕	吳美杏

年級	序	書名	設計者	年級	序	書名	設計者
五年級	1	佐賀的超級阿嬤	黃月芳	六年級	1	晴空小侍郎	黃月芳
	2	芭樂祕密	林佑儒		2	帶衰老鼠死得快	黃月芳
	3	失去影子的人	林佑儒		3	湯姆的午夜花園	林佑儒
	4	二零九九	林佑儒		4	周大觀的故事	黃月芳
	5	乞丐囡仔	林佑儒		5	十二歲風暴	林佑儒
	6	教室裡的啪啦啪啦神	林佑儒		6	二哥情事	林佑儒
	7	想念五月	黃月芳		7	圖書館精靈	林佑儒
	8	生日快樂	黃月芳		8	小英雄與老郵差	林佑儒
	9	淺紫色的故事	黃月芳		9	少年小樹之歌	黃月芳
	10	一千隻紙鶴	黃月芳		10	小王子	黃月芳

五、生命教育教案彙編

　　協進推行生命教育這十多年來，每年皆自編許多教案，不管是參加市級或全國性的比賽，皆有相當優異的表現；一直都想把這些優質的教案彙整成冊，於是在去年就挑選了20個較具代表性的教案，編印了生命教育教案彙編，其目次如下：

(一) 低年級
1. 生命旅程
2. 傳愛地球
3. 超級贏家
4. 生活禮儀
5. 我長大了
6. 親親校樹
7. 寶貝手

(二) 中年級

1. 不能沒有你 ── 我的樹朋友
2. 傳情久久
3. 一定要珍惜
4. 快樂生活在協進
5. 挑戰你的視野 ── 換個角度看世界
6. 友情萬歲
7. 吾愛吾家

(三) 高年級

1. 食在學問大
2. 如果世界是一百人村
3. 感恩時刻
4. 節能減碳
5. 觀功念恩
6. 慈母心感恩情

六、揚名海外 ── 港、澳、大陸來校參訪

推動生命教育多年來，一直有外縣市學校來校參訪或交流，這幾年在全校教師的共同用心之下，生命教育成果更卓然有成。從98年香港教育學院組成學生海外生命教育探索團開始，陸續有澳門、大陸等不同地區的老師，來到協進進行交流與種子教師的培訓。

客自遠方來，我們除了準備豐碩的生命教育教學成果之外，更精心策劃一系列豐富的交流活動；還安排小小解說員引領大家參觀，深具有府城歷史文化之五條港協進校園巡禮，相信能讓這些遠從海外來訪的朋友們，學習到與自己、他人和環境建立互相尊重，溝通關係，與負責任的態度。

伍　風華再現——從「心」再出發

當你發現美好的事物時，所要做的第一件事，

就是把它分享給任何你遇見的人；

這樣，美好的事物才能在這個世界自由的散播開來。

——「少年小樹之歌」

協進實施生命教育已經超過十年，雖然務實又有優異的成果，但也希望有另一番風貌；我們透過「人與自己」、「人與他人」、「人與社會」和「人與自然」的學習和體驗中，讓孩子更珍惜生命、尊重生命、善用生命，進而關懷大地；也期盼讓協進國小的生命教育更有文化傳承的意義。

人生猶如一輛列車，每扇窗外都有不同的風景，透過教師的巧思妙構，及一連串生動活潑的教學活動設計，帶孩子以不同的角度領略生命之美：

讓孩子們——

風和日麗時，心中滿懷感恩與讚美；

狂風驟雨時，欣賞迎風綻放的小花；

烏雲密布下，讚美努力從烏雲探出頭的日光；

現在這輛幸福號列車即將啟程，您準備好上車了嗎？（孫效智，民93）

常有人問起，實施生命教育後孩子有什麼改變？我竟不知從何說起。因為從孩子和家長的回饋中，或許有一些立即性的效應，但我們希望的是給孩子一生受用的智慧；就像我在接受《天下雜誌》2009教育專刊「生命教育」訪問時說的：「生命教育是《沒有輸家》的教育，每個孩子都是生命的贏家。」（p.45）

　　雖然十幾年的努力已開花結果，但生命是無止盡的，所以往後希望：將品德、閱讀和生命教育相結合落實生活中，讓我們的孩子有一顆柔軟的心，能珍愛自己、尊重他人並能關懷周遭的事物，進而成為自己的主人。

　　或許我們專業能力不是很強、或許我們資源網絡不夠，但教育工作是百年大計，大部分的老師皆有教育良心，雖大環境改變驟巨，我們總還是會一步一腳印，以生命的活泉，用心的帶好每一個孩子。

陸　片尾聲中細思量──省思

不是苦惱太多　而是我們的胸懷不夠開闊
不是幸福太少　而是我們還不懂如何生活
憂愁時　就寫一首詩　快樂時　就寫唱一支歌
無論天下掉下來的是什麼　生命總是美麗的
所有的悲傷，總會留下一絲歡樂的線索
所有的遺憾，總會留下一處完美的角落
只要有愛、有希望，在我們的心中將會開出美麗的花朵

　　在彙整這些年的成果後發現，原來我們協進的老師一直是一群非目標導向的耕耘者，只想做「對的事、應該的事」，其實，對於生命教育的推動，早在沒有任何資源下，本校就已默默的灑種，雖然許多人不知在府城有一個協進國小，生命教育在此發芽、成長、茁壯，並開出滿室馨香；但我們的孩子在這座由老師的「愛」與「智慧」堆砌而成的花園中，凝聚成一股無窮的能量，更散發出光和熱，溫暖每個人的心田。

　　雖然對於現狀有著不確定感，但對於生命教育的實施卻有著一份使命感；只因「生命教育」不只是教改不可或缺的一環，更是每個孩子生命中不可缺席的一堂課。尤其在這個充斥著網路的虛擬

世界和五光十色的視聽媒體裡，讓孩子去體驗是相當重要的；所以在設計生命教育主題活動時，我們非常重視實際的體認和省思的部分，更希望不只是孩子能有所體悟，最好家長也能「大手牽小手」一起來感受生命的美妙，共同珍惜生命、擁抱生命。

　　細數這些日子以來，從一個簡單的構想開始，一步一腳印的譜出協進生命教育的樂章；從一個無奇的體驗開始，彩繪出協進生命教育的色彩；從孩子、老師和家長的回饋中，看到了生命的眞、善、美與無限的可能，當然也讓自己在這座生命花園中，享受著花香鳥語與醉人的音符，因爲：「愛」讓世界更美麗、更豐富，當你陪一個人爬山，辛苦上了山頂，你自己不也站在山頂上嗎？

參考文獻

林思伶（2001）。生命教育的理念與作法。國立彰化師範大學（主編）「臺灣地區國中生生死教育研討會」會議論文集（頁198-214）。彰化市。

孫效智等編著（2004）。九年一貫生命教育教案。歌詠生命的旋律。臺北市：幼獅。

問題與反思

一、因為目前國中小並沒有生命教育正式或選修課程，老師縱然有心想做教學，卻苦於無法安排在課堂中，這正是目前中小學老師遇到的普遍問題。

二、目前中小學並無生命教育課綱，是否應將生命教育內涵加以定義以免無限上綱，才不會因為之前強調憂鬱自傷的防治，所以演變成自殺防治工作，也希望在國中小能有更適切的做法提供。

延伸閱讀

黃月芳編著（2011）。60本引導孩子生命視野的好書，協進100心閱讀。臺南市：
協進國小。

黃月芳編著（2015）。自編生命教育教案彙編，生命教育特色校園文化在協進。臺
南市：協進國小。

第十章

對臺灣中學標準化測驗與代工思維模式之批判——一個生命教育的視野

鄒川雄

摘要

　　本文提供一種寬泛的生命教育視野，來觀照與檢視今日臺灣的中學教育。我們反思：在今日升學主義與考試文化的教育氛圍下，我們如何形塑出一套填鴨式、扭曲式的「反生命力」教育模式，以「標準化測驗」作為運作的核心，最終培育出只著重於「低階認知」以及「單面向思考」的學生，造就出以「代工思維模式」為主的世代，他們成為臺灣代工文化與代工經濟的典型擔綱者。他們的教育養成模式，正顯露出臺灣今日面臨重大困境的根本緣由。

　　心智不是一個需要被填滿的容器，而是需要被點燃的木材。
　　　　　　　　　　　　　　　　　　　　── 普魯塔克（Plutarch）
　　為了符合標準化所強調的方向，老師只能犧牲教導孩子們
　　運用天生創造力和創業天分的機會。這些天賦卻是將來他
　　們對抗不能預期的世界時最重要的資產。
　　　　　　　　　　　　　　　　　　── 肯·羅賓森（Ken Robinson）

壹　前言

　　本文的旨趣在於提供一種寬泛的生命教育視野，來檢視今日臺灣的中學教育。我們主張：成功的教育歷程能夠激發出學生的學習熱情，能促進學生「生命力昂揚」。這樣的教育會引導學生產生主動學習的動能，會開發出學生原有內蘊的潛力，以及會讓學生透過「深度精熟學習」來體會學問與生命的內在力量，其結果會促使學生展現出活潑的思考風格與源源不絕的創造力。事實上，這裡所提及的主動學習動能、潛能開發、精熟學習、活潑思考，以及創造力等，都是生命教育中最不可或缺的元素。

　　當然，本文堅持從生命教育出發，其理由絕非是「保守主義

的」，反而是「進步主義的」。我們認為，一個具有生命力的中學
教育，對於培育出有競爭力的優質公民，具有舉足輕重的意義，尤
其對於培育具備創新思維、全方位能力，以及高階認知能力的人
才，具有重大價值。

　　事實上，本研究從一個事實出發，二十一世紀以來，臺灣的
經濟與社會已日益陷入進退維谷的窘境。我們將反思，這一現象是
否是因為我們長期以來填鴨式的人才培育模式（缺乏生命教育的質
素），所產生的結果？也許唯有徹底改變這種人才培育模式，才能
為競爭力下滑，身處瓶頸與困局的臺灣教育找尋可能的出路，這是
本文的核心關懷之一。

　　我們首先處理生命教育這個問題。生命教育在本研究中具有以
下兩種意涵。首先，就狹義而言，生命教育指涉的是與一般學科知
識教育相異的，有關生命相關議題的教育，它包括品格教育、道德
倫理教育、終極關懷、靈性成長，以及生活教育等等。這樣的界定
算是「狹義的生命教育」，例如：高中生命教育課綱所揭櫫的八大
核心能力[1]，正好屬於此類的界定；其次，就廣義而言，它關聯到
教育歷程與過程。每種教育與學習均在於引起生命力的昂揚，造就
生命狀態的改變，因此生命教育可以指涉一種能夠帶動生命力的教
育，例如：將生命教育之精神融入一般學科教育。這是「廣義生命
教育」，任何的學科領域、任何的教育型態，只要可以引發學生的
生命力的昂揚與學習熱情，促成生命的蛻變，均可以算是廣義的生
命教育。

　　以上兩種界定，均有其意義與價值，本研究將從廣義的界定
入手，以闡明生命教育的深遠意義，避免將生命教育與一般學科教
育或其他有知識內涵的教育對立起來。儘管有時為了分析方便，我
們仍須做出區分，然而筆者深信，在具體的教育歷程中，知識與生
活、學科與生命、理論與實踐等，事實上均是相互連結與相輔相成
的。這是本文重要的出發點。

貳 今日臺灣教育與經濟的困局 —— 單面向代工者的思維

今日臺灣面臨一個不爭的事實是，自1995年以來，平均薪資呈現停滯狀態。它所反映的正是臺灣所得分配的惡化，以及整體競爭力的下滑。事實上，這20年來，臺灣面臨全球經濟、教育與社會的快速變動與轉型與衝擊，似乎整個臺灣的發展並未在這段期間成功跟上世界的腳步，反而面臨發展的瓶頸與困境。不僅產業升級遙遙無期，創新與文化產業似乎也大幅落後；加上藍綠對抗、政局內耗，使得大多的改革（包含教育方面的變革）充滿爭議，並處在進退維谷的窘境。

臺灣為何演變至此？

在教育層面探究可能的原因及尋求可能的出路，是本文的主要關懷之一。我們將試圖找出臺灣這些年面臨發展瓶頸的總根源，這將有助於我們釐清今日臺灣教育問題的本質。

本文的基本觀察是，今日臺灣在教育、經濟與社會所面臨的困局，主要是因為我們還未擺脫作為一個「單面向代工」（one-dimensional foundry）者的思維。包括政府政策、教育方法、產業模式，以及民間心態等，事實上均被侷限在一種單面向的「代工製造模式」中。

著名的左派學者馬庫色（Marcuse）曾批判資本主義體制下所培育出來的乃是一種忽略價值與整體意義，而只注重效率與工具性價值的現代人，他將這種人稱之為「單面向的人」（One-Dimensional Man）[2]。如今拿它來觀察臺灣，有很高的貼切性。當然這種思維也許對於1960-1980年代臺灣經濟起飛形成重大貢獻（那時為了單面向提升經濟成長，不得不犧牲其他價值），然而面對近20年來世界經濟所掀起的創新思維、美感經濟，以及科技革命的發展趨勢，這種思維模式顯然早已不適用。而且當我們愈抱守著過去的光榮模式，我們為自己所製造的困局也將愈大。

仔細觀察可知，若不考慮其他可能因素，單單從教育面向入手，我們就會發現，這種「單面向代工思維」正與臺灣戰後至今臺灣整體教育模式（尤其是中學教育）所培訓的思維方式是相一致的。我們甚至可以說，前者正是臺灣在長期升學主義的「填鴨式教育」所培育出來的產品。因此，深入考察我們臺灣中學教育，以及探究這些年來相關教育改革（如十二年國教）所面臨的困局，就有重大的意義。換言之，今日臺灣的困局與挑戰可以從中學教育的深層結構所透顯的問題中，找到合理的線索。

參　關於臺灣中學教育的反思——生命教育軸的闕如

在正式進入探討臺灣中學教育的深層問題之前，我們有必要針對考察今日臺灣教育問題，建立一個有意義的觀看視角，也就是「雙軸心的教育模式」。

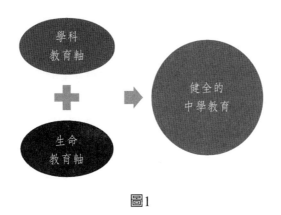

圖1

如圖1所示，一個健全的中學教育必須採取雙軸心的模式。所謂雙軸心，一軸是有關於各個學科的教育，包括國文、英文、數學、社會、自然等基礎學科，以及其他所謂附屬學科（如美術、音樂、體育等），這些學科培育一個現代公民所必須的基本「讀、

寫、算」及其他基本能力等素養，我們可以稱之為「學科教育軸」；另一軸主要是指人格教育、道德教育、生活教育、情感、美感，以及與生命發展相關的各項教育，我們在這裡統稱為「生命教育軸」。

任何一個健全的教育學習模式，必然包含這兩個主軸，兩者缺一不可，且相輔相成。在臺灣學科教育早就成為中學教育的主軸，尤其是那五個基礎學科。在升學考試文化的推波助瀾下，基礎學科的重要性還在不斷的提升，不但是各個中等學校辦學最重要的考量，也是家長最看重的一環，所謂學校排名與明星高中，主要是這些基礎學科的成績排名。這種只看中主科成績的心態模式，我們可以稱之為「唯智主義的教育」，它已成為近半個世紀以來，臺灣人才培育的「集體潛意識」。

正是在這種獨厚「學科教育軸」的氛圍下，生命教育軸受到極大的排擠與忽視。所有與生命教育軸相關的學習，雖然在口頭上受到大家的重視（從沒有任何一個校長、教育局官員、老師或家長敢宣稱人格教育、道德教育不重要），但在具體課程實施上，只是聊備一格，毫無真實果效。

問題的總根源來自於「唯智主義教育」的深層心態，它促發了中學教育向升學主義與考試文化嚴重傾斜。在這樣的氛圍下，「讀書考試」及「進入理想大學」已成為臺灣學生一切教育學習的總目標。

正如下表1所示，歐美先進國家長期發展出來的教育人才培育模式，從學前的生活管理，到小學的探索環境與自我，再到國中的追尋夢想與培育溝通合作能力，到高中則把重心轉移到生涯抉擇與社會關懷層面，最終到了大學，所有基本能力都已具備，可以專心培育自己的專業實務能力。事實上這七種基本能力就是過生活的能力，它們與前面所述的「生命教育軸」息息相關，也是一切專業競爭力的基礎。

表1　歐美教育人才養成模式（表格作者自製）

學前	小學	國中	高中	大學
生活管理	環境探索 自我探索	夢想追尋 溝通合作	生涯抉擇 社會關懷	專業實務能力

　　反觀臺灣的教育人才養成模式，正如下表2所示，在高中以前，讀書考試一枝獨秀，所有上述歐美在乎的七種能力，並非不存在，只是在升學主義的光芒下顯得微不足道。換言之，由於生命教育軸的闕如，使得臺灣中學教育注定會培育出只會讀書考試（具備極佳的基本的讀寫算能力），卻視生命多元發展於無物的「單面向的人」。品格教育、生活教育等聊備一格，所有的學生把重心放在學科考試的成績之上，其他表現只成為一種點綴。當成績不佳時，這些課外表現成為「愛玩」的一種象徵。只有學科成績優異時，這些表現才具備加分的效果。

表2　臺灣教育人才養成模式（表格作者自製）

學前	小學	國中	高中	大學
讀書考試	讀書考試	讀書考試	讀書考試	讀書考試 生活管理、環境探索、自我探索、夢想追尋、溝通合作、生涯抉擇、社會關懷、專業實務能力

　　所有在升學主義下長大的臺灣人，基本上均經歷過這種教育的洗禮。當然，這種單面向的教育也不是一無是處，至少它培育了一整代「讀寫算」能力強、有效率，守秩序的安善良民，也為臺灣早期經濟起飛創造了條件。當然，他也使我們付出了代價，也使得我們陷入一定的泥淖而無法再度起飛。

　　接下來將會闡明，這個巨大的代價起因於我們迷信於一種「標準化測驗」的考試制度，它造成了我稱之為「教育排除主義」的現象。正是因為缺乏生命教育軸，它不僅將生命教育的核心價值

排除了，而且也將它對於學科教育可能的巨大貢獻也一併排除了。
而這正是問題的癥結之所在。首先，它用單一標準製造了「教育的
階層化」，以成績等級創造了階級區隔，造就了巨大的社會不公，
不僅讓教育競爭的弱勢者陷入困境，也讓大多數學生的潛力遭到
埋沒與不公平對待，更重要的是造就了階級的複製，讓不平等延續
下去；其次，可能更為嚴重地，標準化測驗鼓勵了低階的、較為僵
化的認知學習模式，強調背誦記憶與較為低級的理解，因而為製造
「代工思維」（foundry thinking）或「代工文化」（foundry cul-
ture）鋪平了道路，其結果讓整個世代的創造力與活力均消磨在瑣
碎事物的背誦與記憶中。這正是今日臺灣無法成功產業升級，無法
真正進入創新經濟與美感經濟的根本原因。

　　接下來，我們將分別從這兩個面向來分析。

肆　標準化測驗下教育階層化的不公及其問題

　　升學主義與考試文化所帶來最為顯著的現象，就是標準化測
驗的問題。所謂標準化測驗，是指運用測驗題作為考試評量的基本
形式，其最大的優點在於方便性與客觀性。透過數位工具，測驗題
的評量可以完全交給電腦來進行，可以在極短的時間處理大量的試
卷，極為方便。另外，測驗題最大的好處在於「客觀性」。幾乎每
題測驗題均可以要求它有「標準答案」，透過標準答案可以保證對
學生的評量達成一致性與標準化，沒有主觀臆測、歧異或爭議。正
因為方便與客觀性，標準化測驗一直受到青睞。

　　事實上，不論是老師、學生家長、教育官員，以及書商等，對
於標準化測驗有極大的偏好，似乎已達到幾近崇拜的地步。然而，
問題的關鍵就在於此。為了客觀與方便，我們卻把考試最重要的目
的──評量出學生真正的學習狀態，並成為日後改進的依據──這
樣的本質意義給遺忘及出賣了。就像「在燈下找鑰匙」的比喻[3]所
言的，標準化測驗最重要的後果就是，唯有可以用測驗形式來評量

的問題，才會進入考試題目之中，這就預設了許多的學習內容、態度與面向將被永久排除於測驗題目之外，換言之，有些與生活及生命有重大相關的學習就被排除在外，成為可有可無的東西。

標準化測驗成為考試評量的主要模式後，它的第一個重要後果就是「評量標準的單一化」，所有的評量能夠以百分制加以衡量及加總，多元異質的表現消失了，最後只剩下一元化、一條鞭式的總分成績。

標準化測驗造就了一元化的成績排名，它促使了學生學習成就的階層化，所謂好學生與壞學生就依成績高低被等級化地區別出來，它造就了一個「秀異」（distinction）階級，這些人成為明星高中與所謂頂尖大學的候選人，在這裡教育體制已鋪設好一條生涯發展的「高速公路」，能夠馳騁在此路上的被稱為「人生的勝利組」；另外，這個體制也造就了一個失敗的階級，所謂的「中後段生」，他們只能在社會認定較為中下層級的學校（如私立大學或技職體系），勉強完成學業，最終可能成為社會的「魯蛇」（loser）。

這種「秀異生」與「中後段生」的階層化現象，正是臺灣特有的升學考試制度下的產物。如果這只是涉及成績高低，問題還算單純。但實際情況卻遠比成績來得複雜。它所產生的後果也會極為嚴重，且影響深遠。

也許我們可以從所謂「中後段生」的處境及其心態最為分析的起點，就可看出這套體制的殘酷性與不公正性。「中後段生」首先是指在學習成績屬於中後段者。當然這裡的成績指的是標準化測驗下主要學科的成績，而所謂國中基測、會考、大學入學的學測與指考，正是展現學習成績的最佳指標，它也成為升入高中或大學的重要（甚至是唯一）指標。

若再從大多數的教育社會學研究中可以看出，這些學生的家庭社會經濟背景大都為中下階級（以工農居多），且在教育資源分配上屬於較為弱勢者，也就是他們不論在經濟、社會與文化資本上均

處於劣勢。事實上，這些因素之間相互作用、互為因果，促使中後段生客觀上成為教育、經濟與社會的弱勢者，所謂體制不公與階級再製的現象，表露無遺。

除了上述的客觀處境上的弱勢外，它也會連帶地在學習上產生主觀的負面效應。也就是說，對於這些中後段生而言，學習歷程大都已變成一種負面的經驗，不只是成績不佳，它還連帶引起了如下種種的負面效應，我們可以將其稱之為「魯蛇效應」（loser effect）：(1)學習過程中充滿失敗意識，自信心不足；(2)缺乏成功學習經驗，普遍對於新的學習充滿憂慮與抗拒；(3)長期學習紀律不佳，基本讀寫算的能力有待加強；(4)因成績不理想，連帶自我形象不佳，其他的學習也跟著打了折扣。

上述這些現象會形成負負循環，最終使得這些學生的學習熱情、自主性與深度學習全面喪失，這是今日臺灣教育的重大困境之一。進入大學後，問題依然存在。因為這些魯蛇學生，大都只能進入學費較為昂貴的私立大學，而且還必須忍受較低劣的教育品質。這正是臺灣高等教育中對這一族群的雙重剝削現象。

伍 標準化測驗造就低階認知模式與代工思維

上述，我們從社會經濟與教育資源分配的角度來看待中後段學生。我們若從教育現場的學習與升學主義及考試文化的本質入手，也許可以更深入瞭解這個問題的本質。

儘管實施多元入學已有多年，然而臺灣的中學教育仍以標準化測驗為主，考試領導教學仍是無法擺脫的基本模式。其實歐美最先進的教育學理論（如Bloom、Anderson等）早已證明，從人類認知教育或學習的序階來看，這種標準化測驗的考試模式，最終只能檢測出較為低階的認知能力。正如圖2所示：它最易於檢測出最低階的記憶與理解能力，至於較為高階的應用、分析、評鑑與創造能力，它就無能為力了。

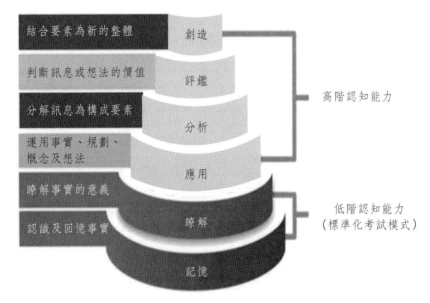

結合要素為新的整體　創造
判斷訊息或想法的價值　評鑑
分解訊息為構成要素　分析
運用事實、規劃、概念及想法　應用
瞭解事實的意義　瞭解
認識及回憶事實　記憶

高階認知能力
低階認知能力（標準化考試模式）

圖2　Bloom認知目標教育分類（本圖修改自tips. uark. edu）

　　正因為如此，許多教育學者都呼籲我們應放棄以標準化測驗作為評量的主要模式，這是造成所謂「填鴨式教育」的主要毒瘤。古羅馬哲學家普魯塔克（Plutarch）早已表明：「心智不是一個需要被填滿的容器，而是需要被點燃的木材。」然而，今日臺灣的中學教育卻仍然以填鴨灌輸的方式，將學生的腦袋視為一個個容器，企圖用各種知識將其塞滿。

　　正如當代著名的教育改革專家肯・羅賓森（Robinson），引自趙勇（Yong Zhao）教授的觀點，標準化「正在不知不覺地將學生推向兩方面的失敗。第一，是標準化所強調的技巧，很容易被開發度較低的地區學生，以更低的工資取代。其次，為了符合標準化所強調的方向，老師只能犧牲教導孩子們運用天生創造力和創業天分的機會。這些天賦卻是將來他們對抗不能預期的世界時最重要的資產。」[4]

　　上述這個觀點，對於追求產業與國家升級的臺灣，格外發人深

省。所謂中後段學生，正是這種標準化測驗與升學考試文化下的直接受害者。他們是一群不適應低階認知能力學習的世代。不過，成績低落只顯示出他們不是塡鴨式教育下的常勝軍，卻無法證明他們的應用分析與創造等高階認知的潛能也較低。可以肯定的是，當前這種灌輸式塡鴨教育，的確全面壓抑了這些學生的創造力與綜合分析能力。然而，問題更嚴重的是，這群學生所損失的不只是他們的高階認知能力，而是傷害了他們的自信心、認同與自我形象，也讓他們對學習本身喪失了可能的積極意義。

因此，對於在學習旅程屢屢受到傷害與挫折的中後段學生而言，他們所需要的不是「補習教育」，也不是「補救教學」，更不是「在職訓練」。他們不再需要更僵化更塡鴨的訓練模式，而是需要一種找回生命力、找回自信心的教育。

換言之，我們必須創造一個新的學習生態，讓這些已受傷的靈魂在療癒中找回學習的樂趣與主體性。根據歐美以及多數國家的研究證實，也許推動諸如體驗教育、行動導向的專題學習等，這樣具有生命教育本位的模式，似乎是解決此一問題的良方。[5]

至於那些「秀異生」（也就是所謂人生勝利組）呢？事實上，由於單面向的培訓，我們製造了只會念書，卻生活低能的怪胎。有人戲稱「思想的巨人卻是行動的侏儒」，然而眞正可悲的是，這個思想巨人實際只是一個書呆子。因爲他所擁有的並非眞正的科學生產力與創造力，而只是著重記憶與理解的低階認知能力。就此而言，他們更需要具有生命教育取向的教育模式。因爲，在讀書考試的無上命令下，其他現實生活能力早已被打入冷宮。

從根本上來說，我們的高中畢業生接受了至少十二年的教育，這是一種升學主義下的低階認知導向的標準化學習模式。以記憶與理解作爲學習的主要目標，以講授及灌輸作爲主流的教學型態，以及以總結及測驗作爲標準的評量模式，這種「塡鴨式教育」就形成了「教育上的排除主義」。如圖3所示：

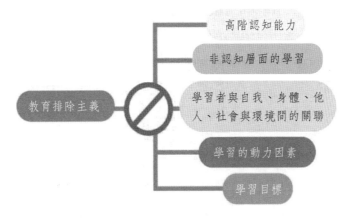

圖3　教育排除主義

　　首先，在學習內涵上，這種教育產生了兩種排除現象。第一，它排除了學習者的高階認知能力的學習，第二，它也排除了所有非認知層面的學習。前者是對作為一個具有創造及綜合應用能力主體的壓抑，後者則是對作為同時具備情感、意志與行動實踐之主體的壓迫。

　　其次，在學習的關聯指涉上，這種教育具體將學習者與自我、身體、他人、社會與環境之間的關聯排除了出去，事實上，沒有連結就沒有學習，沒有關係就沒有生命。人作為一個有生命的主體，本就與上述五者之間建立密不可分的關聯，然而今日的填鴨教育，讓我們沉溺於背誦與記憶的反覆灌輸中，一種活潑潑的關係被打斷，所學到的只是蒼白的符號，喪失應有的生命力。

　　第三，在學習者的動力要素上，這種教育排除了促進學習與完成學習的動力因素，例如：熱情與有趣的學習、主動與自覺的學習，以及精熟與深度的學習。這三大動力因素在填鴨式教育下被一一剪除。

　　最後，在學習目標上，這種讀書考試模式具體將前面所提的過生活的能力（生活管理、環境探索、自我探索、追尋夢想，再從溝通合作、生涯抉擇，到社會關懷）都一一排除。當這些目標都被忽

視甚至被排除時，我們將變成一個生活低能兒，變成一個無法發揮生命力、昂揚生命力的失能者。

　　上述四個重要排除與壓迫的力量，我們可以把它通稱為在教育學習層面的排除現象，事實上，它會與本文前面所言的，因社經與教育資源分配不均所產生的排除現象，以及將一群學習不利者排除於學習隊伍之外，兩者有所不同，但卻會相輔相成。而第二種排除現象就是我們前面所言的「中後段生」，這是屬於社會層面的排除。這裡又至少會有兩種可能，一方面，這是有關於直接因為社經地位或教育資源的缺乏或成績表現較差，所產生的資源分配權的排除（即所謂資源的分配正義問題）。另一方面這也可能因為成績不佳所造成的對個人認同、承認與聲望地位之間的排除與歧視（即所謂肯認的分配正義問題）。舉例言之，前者可能是指因為成績不佳進不到資源充沛的公立大學，後者則是指進不到公立大學，在個體名聲上所遭受社會進一步的歧視與打壓。

🈧 結語

　　通過上述的批判與反思，我們已找出今日臺灣中學教育產生問題的總根源，就是至今仍占主流地位的以「標準化測驗」為主的教育學習與評量模式。正如本文所強調的，它造成教育的排除主義，造成生命的扁平化與單一化，造成臺灣永遠無法擺脫代工製造的宿命，也造就了階級的複製與多重剝削。因此，在今日中學教育中，重新灌注入「生命教育軸」的各項元素，不再讓單面向的、填鴨式的學科教育繼續毒害我們的青年學子，讓他們找回原初的生命活力、笑容與自信，正是本文的重要結論。

　　最後我們必須再度強調，世界局勢正在發生重大變化，科學與技術對人類的改造日益加劇，新世代所面臨的挑戰比以往更大，價值多元紛亂，不確定性與風險也如影隨形。這些現象均使得生命教育愈來愈重要。不只是在高中以前，在大學教育中亦是如此。然而

在臺灣，高中以前受限於升學主義與考試填鴨教育，生命教育成效不彰。進入大學以後，我們赫然發現，在今日高度專業取向的大學中，生命教育根本找不到實施的立足點。它只能零零星星地開設在通識課程中，最終成為通識課程的一些「點綴」。

　　因此，我們的基本批判是：今日臺灣中學階段升學主義掛帥，使得中學本應重視及發展的生命教育未能發揮應有的功能，造成全人教育在高中呈現跛腳狀態，這一現象一直延續到大學，也使得大學專業教育更加職業訓練化，這將造就出一種單面向的人。而這種單面向的人才培育，竟是過去半個世紀以來臺灣教育培育人才的基本模式，而這也正是造就今日臺灣瓶頸與困局的根本原因之一。這一點值得推動臺灣教育改革人士深思。

註　文

1　〈普通高級中學生命教育科課程綱要〉（2008）中提出了高中生命教育教材綱要需涵蓋八大核心能力：(1)瞭解生命教育的意義、目的與內涵；(2)認識哲學與人生的根本議題；(3)探究宗教緣起並反省宗教與人生的內在關聯；(4)思考生死課題，進而省思生死關懷的理念與實踐；(5)掌握道德本質，並初步發展道德判斷能力；(6)瞭解有關性與婚姻的基本倫理議題；(7)探討生命倫理與科技倫理的基本議題；(8)瞭解人格統整與靈性發展的內涵，學習知行合一與靈性發展的途徑。以上八種能力，就內涵來講，屬於本文所言的狹義生命教育的界定範圍，然而若要在真實生活或真實學習歷程中獲得這些能力，這就屬於廣義生命教育的界定範疇了。

2　馬庫色（Marcuse）（2015）。《單向度的人：發達工業社會的意識型態研究》。臺北：麥田。

3　所謂「在燈下找鑰匙」的故事，大意是指一個人在夜間回家路上掉了鑰匙，不知掉在何處。他想找回鑰匙，但奇怪的是，他卻一直在有路燈的地方找尋，至於那陰暗的地方就不再注意了。這個比喻正好指明了人類會掉入形式主義與表面功夫的困境裡。

4　事實上，這種重視標準化測驗的中學教育模式，原本流行在亞洲及東方世界（如中國、印度、日、韓、臺灣等），近年來也日益成為西方教育的主流發展趨勢，尤其在美國小布希政府的「不讓一人落後」教改法案推動後，此一趨勢迅速在西方蔓延，

儼然成為一種標準化運動。此一趨勢正受到歐美學者與有識之士的嚴厲批判。可見，肯·羅賓森（Robinson, 2015）、華格納（Wagner, 2012）以及趙勇（Yong Zhao, 2014）的討論。

5　如近年來所謂「二十世紀關鍵能力聯盟」所推薦的二十世紀我們所需要的關鍵能力，涵蓋甚廣的面向，要獲致這些能力，本聯盟極端推崇「專題式學習」的巨大效用。可見Trilling, B.（柏尼·崔林）& Fadel, C.（查爾斯·費德）的討論（2011）。

參考文獻

何福田（主編）（2006）。生命教育。臺北：心理。

紀潔芳、張淑美（主編）（2014）。生死關懷與生命教育。臺北：新頁。

孫效智（2009）。臺灣生命教育的挑戰與願景。課程與教學季刊。12卷3期，1-26頁。

教育部（2008）。普通高級中學生命教育科課程綱要。

Marcuse, H.（馬庫色）（2015）。單向度的人：發達工業社會的意識型態研究。臺北：麥田。

Robinson, K.（肯·羅賓森）（2015）。卓妙容譯。讓天賦發光。臺北：天下文化。

問題與反思

一、從學科教育與生命教育雙軸心模式來看，歐美先進國家的教育人才養
　　成模式，與臺灣的教育人才養成模式有何不同？

二、標準化測驗如何形成教育的階層化？所謂魯蛇效應與雙重剝削，在此
　　指涉的意義是什麼？你覺得有無改善之可能？

三、標準化測驗如何造就了低階認知模式與代工思維？所謂教育排除主
　　義，在本文中指涉的意義與弊害是什麼？你認為有何種解決或改進的
　　方案？

延伸閱讀

Tough, P.（保羅‧塔夫）（2013）。王若瓊等譯。孩子如何成功——讓孩子受益一生的心教養方式。臺北：遠流。

Trilling, B.（柏尼‧崔林）& Fadel, C.（查爾斯‧費德）（2011）。劉曉樺譯。教育大未來——我們需要的關鍵能力。臺北：如果。

Yong Zhao（趙勇）（2014）。就業？創業？從美國教改的迷失看世界教育的趨勢。北京：教育科學出版社。

第十一章

生命教育的推動與實踐——有溫度的幸福學校

劉桂光

摘要

生命教育的具體落實需要從課程的教學與活動來規劃，將相關的學習透過外在行為實踐，內化為生活的準則。本章即是記錄臺北市立松山高中，透過課程與活動逐漸落實生命教育的歷程，並因此形塑出溫暖幸福的校園文化。文章分享了學校願景與目標的建立歷程、推動的經驗與方法，提供高中學校參考！

前言

一、為什麼要推動生命教育？

有許多的老師、家長、同學會問：為什麼要上生命教育課呢？讓我們先來看看以下的問題吧！這些問題的答案是顯而易見的，這些問題的內容都是我們必須兼容並蓄，用心以對的。可是在日常生活中，在生命成長裡，我們如何可以認真實踐這些課題呢？

(一) 生活裡面需要學習知識，但更需要啓發智慧。

(二) 生活裡面要照顧身體，但更要照顧心靈。

(三) 生活裡面需要享樂，但更重要的是快樂。

(四) 生活裡面需要被看重，但更重要的是得到尊重。

(五) 生活裡面需要彼此信任，但重要的是永恆的信仰。

(六) 生活裡面需要被關愛，但更重要的是懂得付出愛。

生活裡面需要的應該有很多，我們很清楚我們需要的不只是物質的滿足，可是我們卻常常只在乎物質的條件，我們知道生命價值與意義的重要，但卻往往在物質與金錢的攫取中迷失意義與價值，可見得我們雖然知道，卻不代表我們做得到。

每學期的家長會總有家長強調做人的重要，可是家長們對孩子的要求卻偏重在功課。可以因為功課，所以家事不用做；可以因為功課，所以家長協助假造公共服務證明；可以因為功課，所以家長幫忙同學請假……，我們可以因為功課而做出許多不應該做的事

情，我們還要這樣自欺欺人下去嗎？

　　學校的知識教育創造了現實物質的滿足，讓許多的人離開了學校可以憑藉所學，依靠著學歷證書在社會上找到一份好工作，以安頓現實生活。可是，他們的靈性生命卻未必得到妥適的照顧。況且，也不是每一位孩子都享受得到現實的成就，有人就是考不上好學校、讀不到理想的科系，有人就是不喜歡讀書、不適應考試！面對這些孩子，我們該如何去幫助他們開展生命的價值呢？

　　於是我們靜心思索，如果我們在知識教育之外，也能夠給學生人格統整、價值思考、靈性發展等生命教育的引導，啓發他們充沛的生命能量，使學生們在現實生活中不迷失，在生命的困頓中有勇氣與智慧，生命可以更加精彩，知識的教育也將更能彰顯他的意義與價值。

　　那麼我們該如何做呢？

　　首先還是從我們自己做起吧！生命教育典範的學習是極為重要的，如果我們自己都不能面對挑戰，如何幫助學生？如果我們自己都只把教師定位在把書教好即可，我們如何能引導孩子走向人生更寬廣的路？身教重於言教，這不僅是在家庭如此，在學校亦是如此。用愛與孩子同在，他們也會用愛去面對世界。學生的問題我們不一定都能解決，也不一定都要去解決，我們該努力的是培養學生解決問題的能力。當我們用愛去陪伴學生的時候，學生們感受到被愛、被支持，就有力量去展現生命的精彩、面對人生的種種挫折而有能力解決。

　　本文將以臺北市立松山高級中學推動生命教育為例，分享如何在高中實踐生命教育，我們相信在重視升學表現的環境中仍然可以將生命教育落實！

二、松山高中的生命教育

　　二次大戰之後，一位從集中營生還的猶太人吉諾特寫了一封信給老師們，信中說：

親愛的老師，我是集中營的倖存者，我看到了一般人未見之處，瓦斯房是由博學的工程師建造，兒童是由受過教育的醫生所毒死，嬰兒是被訓練有素的護士謀殺，婦女和嬰孩被知識分子射殺、焚燒。所以，我懷疑教育。我的請求是，希望你們幫助學生做一個有人性的人，永遠不要讓你們的辛勞製造出博學的野獸、身懷絕技的精神病人或受過教育的怪人。讀寫算等學科只有用來把我們的孩子教得更有人性時，才顯得重要。

　　這段話充分顯示教育不應只是知識僵化的灌輸，不應淪為考試服務的工具，教育實質精神更應該蘊含人性。因此，教育部成立了生命教育委員會，並將西元2001年訂為生命教育年，這都說明：教育應成就每一個學生的美好，看見他們、聆聽他們、協助他們將知識內化為生命的價值與思維。

　　我們希望建構的「有溫度的幸福學校」，就是植基在這樣的精神與目標之下，期望能幫助學生均衡發展「工具理性」與「目的理性」。因此，除了在升學表現上繼續創造高品質、高比率的升學成就之外，也將繼續發展以生命教育為基礎養分的幸福學校！因此，本校希望培養學生具備下列的能力：

(一) 自主學習成長（自信）

(二) 合作溝通領導（負責）

(三) 思考統整創新（創新）

(四) 體現生命價值（熱情）

(五) 尊重關懷服務（關懷）

　　前三個目標是在「工具理性」的思考下，培養學生創造幸福的能力；後兩個目標則針對「生命教育」，從「價值理性」出發，培養學生有溫度關懷他人。幫助學生從高一開始探索自我，高二進階深化，高三則能論述自己的想法，建構個人的價值觀。兩者之間的關係是：生命教育的「價值理性」需要知識教育的「工具理性」來

實現；知識教育的「工具理性」需要生命教育的「價值理性」來指引方向。是以兩大向度是互爲資源，相輔相成的。

　　於是我們擬定了「有溫度的幸福學校──做更好的自己、更溫暖的他人。」作爲我們的願景，我們期待讓每一個松高的學生都能因爲「自信」、「負責」與「創新」的學習，成就「更好的自己」；因爲擁有「熱情」、懂得「關懷」，成爲「溫暖的他人」。這是融合107新課綱強調「自發」、「互動」及「共好」的全人教育精神所體現的教育目標，一個學生若要成爲更好的自己就必須自發學習，同時也必須要與人溝通互動才能成爲溫暖的他人，透過這樣的雙向發展來達到共好的社會，這是我們推動生命教育最終的理想國願景。

貳　生命教育推動的步驟與架構

一、生命教育的願景形成與發展策略

(一) 願景的發展歷程

　　初期本校在推動生命教育時，與許多學校一樣都放在輔導室，只是進行部分課程融入方式，並辦理一兩個活動作爲校務評鑑之用。92年少數老師開始在班級進行生命教育的活動，從個別班級的課程與服務活動開始，不過成效只侷限在班級上。當時的做法多半與學科的課程及班級經營結合，並以「活出人之所以爲人的樣子」爲目標。

　　94年我主動進入學務處接下學生活動組長的職務，開始全面的推動生命教育。除了原先推動的生命教育相關事務之外，更擴大到全校的學生活動之中，並積極開始往課程方面努力，此時生命教育的教師社群也逐漸成形中。當時95課綱尚未通過，學校的教師社群夥伴在討論之後，以「生命因付出而有愛」作爲學校推動生命教育的目標。

　　95年教育部通過的課綱草案，規劃將生命教育納入高中的選修課程中，因此我們便在學校的課程發展委員會積極爭取能夠開設生命課程。96年我們爭取到在高一開設0.25學分的生命教育課，由於上課時數非常少，我們參採課綱的內容規劃出的五堂課。99年教育部通過「高中生命教育類課程暫行綱要」，生命教育課正式成為高一必選修課程，並仍延續之前的目標——「生命因付出而有愛」，繼續努力落實。

　　102年本人進入教務處擔任主任，便以生命教育為主軸擘畫學校的課程與教學發展，此時我們的願景與目標便結合了過去「活出人之所以為人的樣子」與「生命因付出而有愛」，進一步凝聚出以生命教育為基底的學校願景——「有溫度的幸福學校」。這個願景融合過去幾年努力的兩個目標，將前者向內的努力與後者向外地實踐結合，轉化出「做更好的自己，更溫暖的他人」，作為目前學校推動生命教育的目標。期待以這樣的願景與目標，讓松山高中可以做到「有溫度的生命關懷、有幸福的全人發展」教育理想，成為一所名實相符的有溫度的幸福學校。

(二) 推動的策略與步驟

　　在高中要推動生命教育是非常困難的。

　　升學主義的限制：臺灣社會非常重視文憑學歷與入學的公平性，因此把書讀好（考試科目）、考上好學校幾乎成為全民共識。為了達成這樣的想法，學校在規劃課程與活動的思考上，都是以升學科目、考試時間的規劃優先，這樣的價值思維模式讓生命教育總是被放在可有可無的位置。

　　師資培育的困難：生命的問題極其複雜，因此一個好的生命教育老師培訓非常的不容易。面對學生各種生命的問題，家庭的紛擾、情感的糾結、青春的愁緒、升學的壓力、生活的束縛……；再加上社會上經常發生的各種挑戰人生價值、顛覆傳統思維、引發生命兩難的各種事件，如果沒有相當的人生智慧與事先的備課，恐怕

很難滿足學生的需求。

　　學生活動的規劃：高中校園內並沒有多餘的人力與物力，臺灣的家長會在小學國中階段參與學校的活動擔任志工，投入時間與金錢，但是到了高中便幾乎不會參與。所以活動的辦理幾乎都落在學校老師身上，生命教育不能只是課程的紙上談兵，結合學校活動規劃服務學習，進行相關教學的深度參訪，這些都是必要的活動，卻也耗費極大的人力與物力。長期來說，這對推動生命教育的夥伴是個極大的身心負擔。

　　社會環境的限制：臺灣社會只要出了什麼事就急著開始檢討究責，而最後解決的方式幾乎都一樣，那就是透過教育的努力去預防，於是各級學校就在各種計畫與專案應付的過程中疲於奔命。可是大環境的升學主義，各專業知識領域在學校的爭搶地盤，讓課程時數、活動時間都被占據的情況下，能夠真正解決問題的生命教育，最後就落為跑龍套、做樣子，辦辦活動、上個媒體，當下感動一下、熱鬧一下，可以有計畫、有照片，應付上級的評鑑就可以了。哪裡還有心力去做這些生命教育的基本工程呢？

　　基於種種困難，我們在推動生命教育的過程中，特別重視的就是在願景目標與教育理念明確的前提下，規劃出清楚的架構，擬定好落實的步驟。

1. 我們明白先有人，才會有人才，所以面對升學主義，我們同樣重視升學而且站在有助升學的角度。其次是教師團隊、學習社群的成立，基於同樣的理念，先要有人，彼此成為夥伴共同努力。本校即是從三個人開始，一直到現在有七位具有生命教育第二專長的老師、十多位夥伴的成長社群，全校老師也有超過八成認同以生命教育作為學校特色。

2. 所有的課程活動規劃務必要對應願景與目標，先想好課程的理念與架構，記得生命教育需要長期的累積，所以單一個課程與活動要對應總體的願景之外，整體課程與活動的

規劃也要去思考，然後化整爲零，逐漸推動。

3. 要提醒大家的是：困難阻力一直都不會消失，所以可以從小的活動與課程開始，但務必記得大的願景與目標，然後逐漸地將各種活動建構成有學理依據的課程，將課程與活動逐漸地連結在願景與目標之下，由小到大、由點到線到面，成爲一個生命教育的系統，最終形成整體的校園文化。我們推動生命教育在心態上務必記得是長期的累積，由下而上、由少而多，五年、八年、十年都是值得的，畢竟教育是百年樹人的志業。

二、生命教育的執行架構與推動步驟

本校推動生命教育分爲五個部分：(一)行政支援、(二)專門課程、(三)選修課程、(四)教師社群、(五)交流推廣，以下分別介紹之：

(一) 行政支援

行政支援主要有：凝聚學校生命教育發展願景、擬定學校生命教育發展的目標與策略、統籌各行政活動融入生命教育、規劃生命教育正式與非正式課程、協助教師進行課程及活動的規劃與執行、辦理服務學習活動。

1. 凝聚願景與目標、策略的努力關鍵在於由下而上，許多學校在處理這些事情的時候，往往都是行政端的決定，老師與學生們不太清楚，當然認同感也就不高。若能從老師端發動，透過課程與活動將這樣的想法傳達給學生與家長，最後形成的認同感必然很高。

2. 學校各處室每學期的活動不少，行政單位在辦理活動之前若能整合，以生命教育爲主軸來規劃，那麼不同活動都可以是推動的創意呈現，這樣的做法不僅完成了活動，也讓學校的整體特色可以呈現出來。我們就以班會週會與學生

活動來說。

(1) 班會討論

討論主題配合生命教育，也參考相關行政推動的各項主
題，從各方面蒐集相關資料，其中包含有理論論述與實
際案例的資料，來源包括書籍、雜誌、報紙等。例如：
公共服務議題、掌握生涯規劃、學習尊重異性、討論性
別平等、法治人權教育、身心健康、社會關心等議題。
討論時並不只是設定題目，學務處還可以撰寫討論引
言，幫助學生深入瞭解相關議題的核心問題，必要時亦
會蒐集、準備較多的討論參考資料，提供導師引導學生
討論的參考。

(2) 週會演講

以生命教育的相關議題為規劃的主要背景，配合學校其
他推動的教育議題，例如：人權、法治、性別教育等，
相關的理念同「班會討論提綱」的設計原則。演講內容
以生命故事的分享為主，將各角度的議題融入其中。邀
請講者以「特具生命力」的演講者分享生命故事為主。
本曾經邀請過的演講者有：「周大觀文教基金會」熱
愛生命獎章得獎者：余秀芷、高銘和、梁藝；總統教
育獎得主郭哲維（臺大心理系、本校校友，罹患罕見疾
病「裘馨式肌萎症」）；慧寬法師分享〈我的未來不是
夢〉；雲門舞者；「罕見疾病基金會」的演講者：彭明
輝老師、蔡淇華老師等。於活動實施前一週確認演講者
的需求，通常要注意到交通問題，演講若行動不便，亦
要有些貼心的安排。然後發出「週會演講通告」給全
校同仁及參加的年級，介紹演講的時間、地點、主題、
演講者相關的經歷等，並製作「歡迎海報」、「演講海
報」，於演講當天張貼。其他相關的器材準備（電腦單
槍、音響、攝影……）就如同一般行政工作一樣即可。

活動若是要進一步推展，也可以跟導師或國文老師合作，將演講內容作為班級經營、撰寫週記或是作文寫作的主題，則效果更佳。

(3) 學生活動

① 「新生輔導活動」融入生命教育。例如：邀請老師針對生命教育發表專題演講、推動環保教育、安全教育……。

② 辦理新生進學禮與高三成年禮活動，每年的冬夏令營隊、社團的成果發表、畢業生活動都可以融入！以本校最具特色的畢業活動──「柳絮紛飛」來說，這是當年學生為了發洩升學壓力，從高樓層丟書籍、考卷與雜物的不當行為。到現在學生將紙類製做成紙蜻蜓，當畢業生從高樓往下灑的時候，也同時秀出對未來的期許與同學的祝福，全校八百位學生長達十多分鐘的活動，彷彿六月的一場大雪，然後當師生唱起校歌，那溫馨祝福的場面每年都感動全校的師生與許多專程回到學校參與活動的校友。

③ 校慶園遊會活動加入愛心關懷，邀請校外的公益團體進入校園設攤，除了義賣商品，也藉機推廣公益活動，或傳遞相關訊息。

④ 舉辦「高中生服務學習課程」：本校目前辦理有國內與國外的服務學習課程！

(a) 國內部分

（甲）營隊式：培訓學生到偏鄉小學、老人院、生命教育的營隊進行服務。在學校成立社團或每年招募學生，然後利用社團或課餘時間安排培訓課程，在出隊前進行三天左右的工作坊，做最後的準備。相關的課程、活動、道具都由學生來做，可以邀請

畢業的學長姊及家長幫忙帶領與指導。經
費部分可以撰寫計畫，或是由家長支援，
也可以帶領學生募款，甚至由學生繳交費
用都可以。

（乙）社團式：流浪狗照護、紅十字服務隊（建
國花市量血壓服務）、校外整潔維護隊。
其中照顧流浪狗需要經費，我們就與崇友
基金會合作辦裡洗車募款活動，每年可以
募到將近20萬元。

(b) 國外部分：辦理中國大陸、東南亞國家的偏鄉小
學的服務隊，培訓學生方式、經費籌募與國內營
隊式的相同。

(二) 專門課程

專門課程的規劃是從高一開設生命教育課程開始，逐年推廣
到現在高二也有生命教育課程。目前高中的生命教育是從人學的探
討、思考素養的鍛鍊開始，進行對生命的價值、道德的判斷、倫理
的思考、生死關懷、宗教信仰、人格的統整與靈性的成長等方面思
考與討論。配合我們規劃的服務學習的課程與活動，希望同學們能
在知識的學習之外，瞭解到生命智慧的啓發也同樣重要。各年級開
課的狀況是：

1. 高一全年級開設生命教育課程，內容以課綱爲主要規劃依
據，除了正式課程之外，生命教育老師亦規劃「心幸福活
動」將靈性發展的課程融入在學生日常生活中。也將生命
教育融入班級經營，並將實施成果出版《比考第一名還重
要的事》（聯經出版社）。本校每年還與校外的基金會合
作開設愛情課程，讓學生更加瞭解交友、擇偶與婚姻的關
係！

2. 高二的生命教育課程以愛情、道德思辨與人生價值爲主。

愛情的課程大致上從認識自我開始，討論：愛情有什麼道理？為什麼要談戀愛？每個人的心目中理想的愛情？愛情有沒有公式？真愛與假愛的分別，也討論關於告白、拒絕與分手的各種做法與態度，甚至還討論到關於婚前性行為的各種可能情況……。

(三) 選修課程

主要是本校多元選修（特色）課程的呈現，其中有些課程直接與生命教育相關，例如：生命教育的電影欣賞課程，從相關影片去討論生命課題，並企劃一個助人活動再實際踐履之。

有些課程是重大議題的融入，或將學校的願景設定為課程主題，前者如海洋教育、多元文化、難民議題、多元性別……；後者如音樂劇、TED演講課程，老師們從生命教育的理念出發，就其個別的專業課程結合生命教育議題，也是很重要的推動方式。

另外還有融入課程，像是以體育老師為主的「有愛無礙——愛屋及烏」課程，帶領學生學習運動治療的相關課程，再運用假日幫助需要早療的身心障礙學童。

還有閱讀課、物理課、數學課，學生透過專業課程的學習，再去國中端帶領國七的學生學習。這樣的課程一方面讓學生學習到知識專業，也讓學生體會到助人服務的快樂，同時也能培養學生團隊合作、企劃執行等多元能力。還有生物課，透過對動物的照護感受動物的生老病死，也間接地讓生命教育中的生死關懷有了深刻的體驗機會，同時對於動物倫理、對動物的照護責任承擔，都有具體的感受與學習。

(四) 教師社群

本校還有一個很重要的做法，就是成立校內的教師專業成長社群，並透過「臺北市高中課程與教學工作圈」成立「跨校生命教育教師專業成長社群」。教師社群設計這些課程基本上都參照高中生命教育的課綱，並進行共同備課、觀課與議課。

跨校社群的部分則是以專業成長的研習課程為主，並結合社會推廣的方式進行。例如：課程設計的分享、教學方法的研討、牌卡教具的運用……。讓各校的老師透過共同的學習與分享，透過共同合作的付出關懷，讓自己可以共學增能，也讓生命教育藉此更加的向外推展。

(五) 交流推廣

交流推廣也是很重要的實踐方式，因為讓更多的夥伴願意投身，形成更強大的生命教育實踐力量，這樣的努力也能回饋到學校來。我們的交流推廣可以有幾種方式：

1. 我們將校內努力多年的課程教材編寫出版，提供其他學校的老師參考，並結合生命教育協會開發的各種教具，協助全國的教師進行生命教育教學，提升老師們的專業知能。目前相關的出版書籍有五本，各類的教具牌卡也有五種以上。

2. 校外演講，校內的主要成員會接受各種演講來推廣學校的生命教育，每年的分享場次都可以至少有20場以上，不論是理念傳達、課程規劃、教學分享、班級經營、活動設計等，我們都有具體的實踐成果可以分享。這幾年的分享除了在臺灣各地，甚至還到大陸、香港與澳門。

3. 接受各校的訪問交流，當有更多的學校來訪互相交流時，校內的老師與同學也能藉此明白學校的生命教育有哪些成果、有哪些需要努力的地方，尤其是友校的學生與本校學生進行交流對話時，成效更好。因為學生可以成為生命教育實踐的最佳見證人，而學生們在分享時也能對校內推動的課程與活動有反省分享的機會，這對我們持續的進步也非常有幫助。

4. 社會的生命教育推廣，我們深覺只有學校的努力是不夠的，若是家長與社會大眾也能認同與支持，甚至投身生命

教育的實踐，效果肯定更好。因此我們也邀請許多夥伴共同成立點亮生命教育協會進行社會的生命教育，包括：到監獄進行生命教育，辦理專題演講與生命教育師資及志工培訓，在小學進行生命教育，辦理寒暑假的生命教育營隊，辦理電影欣賞與分享，生命教育讀書會……，這些都能對學校的生命教育落實有直接或間接幫助。

參　未來持續的工作與努力的方向

我們常常期許自己，生命教育的最終目標就是讓生命教育消失，所以現階段持續的努力仍然是必要的。未來我們將會努力建立各種實踐的模組，讓大家可以更有方法地推動生命教育。例如：在校內成立生命教育中心（教職員生）、結合生命教育的各種節慶活動、校園結合生命教育的志工組織與培訓、與社會非營利組織的建教合作、學生與家長的公益連結活動等等，都是值得進一步深化的重要工作。

其次，十二年國教的新課綱讓各校有更多的課程規劃空間，學生可以自由地跨班並根據自己的興趣選課，學校除了在分流的各個專業科目上用心規畫之外，也應該用心在生命教育上規劃各種課程讓學生學選修，甚至可以規劃成校本必修讓所有學生都能學習到人生重要的基礎課程，這也是本校未來努力的重大方向。未來期待學校可以有哲學人生、愛情倫理、人格統整、靈性發展、哲學思考、人學探索、信仰與人生、科技倫理、生命倫理、服務學習等多元的生命教育選修課程，讓學生有更多的選擇與學習。

生命教育是所有教學活動的支援者，是各項行政輔導工作的先備者，與所有的教育活動相輔相成，因此未來學校將繼續努力從生命教育出發，建構一所「有溫度的幸福學校」，讓我們的學生不但有卓越的各項能力，更是一個充滿能量，有能力關懷生命，散發著生命溫度的新高中生。

問題與反思

一、在生命教育實踐的歷程中，團隊的建立與持續的經營是重要的，我們
　　如何建立有共同願景與目標的團隊？如何維繫團隊的向心力？

二、生命教育的實踐，如何去評量實踐的成效？

三、如何從生命教育的角度建立校園的文化？

延伸閱讀

林火旺（2006）。道德：幸福的必要條件。臺北：寶瓶文化。

彭明輝（2012）。生命是長期而持續的累積：彭明輝談困境與抉擇。臺北：聯經。

費南多・薩巴特于施洋譯（2010）。對與錯的人生邏輯課──哲學大師的倫理學邀請：過更好的生活。臺北：漫遊者文化。

劉桂光（2012）。比考第一名還重要的事。臺北：聯經。

第十二章

推動生命教育的實踐
——以南華大學爲例

尤惠貞

摘要

　　因應社會發展的需要，作爲教育一環的大專校院，除了提供專業知識的學習環境，對於青年的生命成長亦扮演很重要的引導與教化的角色。臺灣有許多不同單位致力於生命教育的推動，希望讓青少年及國民提升生命的品質，獲致更美好的生命發展；其中南華大學一向積極在校園中推動生命教育，不但透過生命教育的落實，並且採取適當的推動策略，以深化學生對生命意義的探索、倫理思辨的能力及知行合一的統整。本文主要以南華大學的推動經驗及成果，具體闡釋南華大學作爲佛光山星雲大師人間佛教所評選的三好運動實踐學校，透過生命教育理念的肯定、正式課程的規劃、學術研究及實務經驗推動等多元管道，積極在校園中推動生命教育，以深化學生對生命意義的探索、倫理思辨能力的強化及知行合一的統整。

壹　大專校院落實生命教育的重要性

　　1979年澳洲牧師Ted Noffs成立世界上第一所「生命教育中心」（Life Education Center, LEC），其宗旨爲防治「藥物濫用、暴力與愛滋病」（吳庶深、曾煥棠，2002；孫效智，2000；黃雅文、姜逸群，2005），由之開啓了社會開始重視「生命教育」（life education），其後紐西蘭、英國、美國都相繼成立推動生命教育的組織。至於臺灣推動生命教育的背景，大約可以溯自1997年期間幾起重大的校園學生自殺與重大偏差行爲等事件之發生，引發臺灣省政府前教育廳陳英豪廳長推動「生命教育」的構想開始，和許多相關學者的堅持理想有關；加上主持全國教育行政業務的教育部首長的政策宣播，奠定推動的基石；民間團體更在社會各角落積極宣導、推動，使生命教育的理念廣受支持（紀潔芳，2005；張淑美，2006）。教育部2000年宣布設立「生命教育委員會」迄

今，生命教育在臺灣的推動將近二十年的時間，在這段時期中生命教育由臺灣省中等學校的一項專案計畫，逐步發展成為全國各級學校教學系統的一部分，並逐漸成為社會教育的一環。

　　生命教育主要是以人的「生命」為核心，探討生命的本質、意義與終極關懷，同時亦秉信「教育」是「向上向善」的積極動力與可能途徑。藉由生命教育可以幫助學生探究人生中的核心議題，反思人之所以為人的意義與目的，有助於擺脫現今社會物化及工具化傾向的影響；進而亦可引領學生落實理論與實踐並重，邁向知行合一的境界。因此，大專校院重視生命教育的推動，不但具有導正教育目標的功能，同時亦可發揮教育內化於生命的成效。

　　依據學者專家的研究與分析（如2009年臺灣教育部「高中課程綱要生命教育類選修課課程規劃理念」，孫孝智，2006），生命教育的內涵包含三個層面：人生的終極關懷、人生的倫理思考及抉擇、人格統整與靈性發展。人生的終極關懷探討人生的終極課題，意即探討人生命存續的終極意義，例如：必死的人生有什麼意義？如果有意義，人又如何發展肯定屬於自己的意義？這些課題的探討有助於人對生命的肯定，只有一個肯定生命價值及瞭解生命方向的人，才能增強自我學習的意願。否則及時行樂或者悲傷失落的想法很容易誤導學生。而且終極關懷的肯定是一切價值肯定的基礎，否則一個人即便瞭解道德的要求為何，但若不清楚生命整體的意義所在，也很難瞭解為何該服從道德的要求，也更難體會在自我約束中的自由與幸福。

　　多元價值的時代，生活中充滿許多抉擇的考驗，如何做具有智慧而且正確的決定，在於倫理思考及生活的反省，而奠定思考及反省的基礎，在於倫理思考能力的培養，倫理思考幫助人選擇「對」的做法，意即正確的行為。試想擁有無比科技力量的技術人員，倘若缺乏判斷是非的能力，對社會的傷害會有多大呢？至於人格統整與靈性發展則在於知與行的統整，前兩項內涵可以說奠立了生命真正智慧的基礎，意即能知道人生方向所在，也能知道生活中是非對

錯如何判別，然而人即便知道應該如何做，能依照所肯定的正確想法而實踐的人，並不多見，這就是知行不一或稱為知與行不統整的現象。知與行不統整又可分為認知與情緒及認知與意志不統整，前者與情緒智商有關，後者與靈性發展有關，因此知行合一也可說是人生價值觀與人的感性及意志之統整。所謂隨心所欲而不逾矩，描寫的正是知行合一的境界，因此如何提升心靈的境界，即為靈性發展的目標。靈性發展支持人的知情意統整，而人的知情意統整則連結知與行，使人的終極肯定與倫理思辨得以內化為價值觀並在外顯的生活中實踐。因此大學教育所強調具有學術和實務能力的人才，正是一個能將學理知識轉化為實務操作的人，這樣的技術人才當然需要具備知行合一的能力。生命教育的內涵依照上述的理解，可以具體化為下列的教學科目與實踐活動：

一、人生的終極關懷

(一) 人生哲學相關課程：如人生哲學，電影、音樂、戲劇與人生及生涯規劃等。

(二) 生死關懷相關課程：如生死學、臨終關懷與安寧照顧及殯葬禮儀等。

(三) 宗教學相關課程：如宗教與人生、宗教教育概論及宗教經典評析等。

二、人生的倫理思考及抉擇

(一) 基本倫理學相關課程：如道德思考與抉擇、規範倫理學等。

(二) 應用倫理學相關課程：如婚姻倫理、企業倫理、科技倫理、工程倫理、醫護學倫理及生命倫理等。

三、人格統整與靈性發展

(一) 人格統整相關課程：如人格理論、情緒諮商、品格與人生

及幸福與人生等。

(二) 靈性發展相關課程：如靈性發展、禪定與修身等。

2014年底，教育部更正式於嘉義南華大學成立「教育部生命教育中心」，並於2015年3月23日隆重舉行揭牌儀式，希望以大學為生命教育發展金字塔的塔尖，不但發揮橫向地整合大專校院生命教育資源，同時也能縱向地將資源推廣至臺灣北、中、南各區的高中職生命學科中心、各縣市政府單位、生命教育特色校園文化實施計畫學校等機構，更進而推擴至社區及民間團體等，積極落實資源統整、向下扎根、政策延續及全面推動的目標。因此，南華大學作為高等教育系統的一環，應責無旁貸地投入生命教育的推動與落實。

貳　南華大學推動生命教育的經驗分享

南華大學位於臺灣嘉義地區，創立於西元1996年，由佛光山星雲大師集百萬人興學之願力創辦，是佛光山創辦的第一所綜合型大學。同時，本校也是首創跨國際聯合大學系統「佛光山聯合大學系統」的一員。辦學目標以「生命自覺教育」與「學生的自覺學習」為軸心，強調環境陶塑、優質教學及學以致用。不僅配合地方產業與社區脈動，打造出各系所的亮點，更落實課程與業界結合，建立「學用合一」制度，讓學術理論與產業無縫接軌，全面提升學生就業競爭力。此外，並以宗教關懷、生命教育、養生照護、有機農業、生物科技、觀光旅遊休閒、文化創意產業、非營利組織，以及青年志工服務利他等等，作為南華三好友善校園現階段推動及未來發展重點。以下從幾個面向分享本校推動生命教育的經驗：

一、以品德涵養與生命教育為辦學目標

學校經營須對學校教育目標進行反思，將人的發展實現列為培育的優先目標，故人的素質提升將成為關鍵，亦即成熟的人格特

質將成為未來產業最重視的「能力」。以南華大學為例，非常重視學生的品德教育及生命教育，長期致力推行「做好事、說好話、存好心」的三好運動，強調：三好是一種實踐哲學、三好是一種薰陶教育、三好是一種服務教育、三好是一種社會責任，以培養學子具備生命自覺、肯定自我的獨立人格，不但能自主負責，更能關懷弱勢，克盡社會責任。南華大學的教育理念為「邁向具有宗教人文取向的、具公益與公義精神的優質教學型大學」，而教育目標則是以「人文化、專業化、數位化、產業化與國際化，五化平衡發展為原則」。南華大學辦學的獨特使命在於將「生命自覺」、「宗教人文精神」與「公益大學理想」灌注於教育歷程之中，並以「生命力帶動生命力」之精神，促進師生的成長與蛻變，全面提升每位學生的品格、視野與專業能力。同時，亦強化學生服務利他的心念，為社會培育出良好公民及可造之才。具體而言：南華大學人才培育的整體目標為：(1)培育有品格、有德行且具備服務精神的現代人；(2)培育有廣闊視野、公民素養與溝通能力的現代公民；(3)培育具有責任心、專業能力與創意能力的現代專家。

二、實踐三好友善校園和人文化成

　　星雲大師倡導之「做好事、說好話、存好心」三好運動目的在於人間行善、教化人心。在學校教育中，三好運動的推動除了使學生在正規課程學習外，更能使學生朝向善心與善念的良好品德方向發展，使學生得以成為良善有德，願意關心他人的良好公民；另外，三好運動的校園推廣，也可以使師生關係良好，有助學生學習及校園倫理的建立。因此，南華大學以三好典範校園為目標，藉由制度建立、課程規劃、環境形塑與活動推廣，進行整體規劃與推動，希望能系統化、制度化地使學生在三好品德教育下，成為願意行善，關懷社會，具備「真善美」德性之學生。

　　南華大學三好校園實踐之涵養與目標包含：(1)生命自覺、肯定自我：對部分學生缺乏自信及對自我生命價值的否定，必須重建

其對自我生命的自覺，重新省思過去的生活經驗，找尋其生命價值，重燃新的生命力。(2)獨立人格、自主負責：在自覺及生命力的提升之下，使其能瞭解自身處境，進而關照他人。從自省的生命到關懷服務的具體行動之行動塑造，必須要能養成負責及獨立的人格，才能承擔對別人的責任，關心他人，為他人付出及犧牲。(3)社會責任、關懷弱勢：除了生命自覺及負責的德性養成之外，還需要瞭解自身對社會的責任。三好能力養成，不應獨善其身或是生活體現而已，也需要為社會付出，關心社會弱勢，造福社區。

三、重視哲學與生命教育相整合

　　南華大學校訓為「慧道中流」，所謂行大學之道，開智慧之門，為中流砥柱，以化成人文，此乃本校教育學習的長期目標。本校校訓，深具哲學意味，且本校於創校之初即設有哲學研究所，並於2002年成立哲學學士班。為了彰顯哲學不是象牙塔中的學問，同時能將研究觸角深入到社會關懷，於2011年將原本之哲學系轉型為臺灣首創的哲學與生命教育學系，包含學士班、碩士班及碩士在職專班三種學制，希望讓哲學基礎訓練能與生命教育結合，提供切合社會需求的學院訓練，以培養優秀且具社會關懷的學生。於此同時，哲學與生命教育學系更與本校宗教學研究所及生死學系合作，在既有課程之外，特別整合哲學與生命教育、宗教學與生死學等系所之佛學專業師資，開設「佛教生命教育學程」，從哲學、宗教與生死學的視角，將佛教與生命教育相關知識整合，為社會大眾開設進修學習的輔助學程，推出以來，受到臺灣各界的肯定與支持。2014年，除了哲學與生命教育碩士班及碩士在職專班持續提供給有興趣者進修，哲學與生命教育學士班則轉型為「哲學與生命教育學程」，與諮商、社工、殯葬共同形構成生死學系之跨領域學程，不但提供學生更多元而整全的修習管道，同時也兼顧了哲學省思能力與生命教育涵養的充實。

四、推行生命教育學術社群之組成及研究

　　南華大學生死學研究所之設立爲臺灣首創，乃已故知名學者傅偉勳教授親手擘畫與大力推動之成果；基於對臺灣社會的人文關懷，回應社會對生死學研究及生死相關課題探討之強烈需求，創設時適逢臺灣馬偕醫院安寧病房成立，安寧緩和條例推動初期，以及生死學形成國內大學通識教育的風潮等之社會趨勢；同時適逢殯葬產業設施與觀念革新、朝向證照制度推動，以及殯儀人才之專業培育等社會趨勢，顯示生死學之於社會之特殊價值。

　　生命教育涵蓋了跨領域的生命課題，例如：終極關懷領域的生死關懷課題方面，除了生死學或宗教學的觀點外，也需要與心理學、自然科學或生命科學進行對話，才能對人的本身有全面性的關照。此外倫理思考領域之應用倫理的議題，更需要與各領域之專家學者進行對話，才能展開更紮實的專業倫理研究。而人格統整與靈性發展領域的各種議題，也與哲學、宗教學與心理學等領域密切相關，亟需跨領域之合作來豐富靈性的成長。而這一切研究的成果如何適切的轉化爲各階段生命教育的素材，也需要課程與教學領域的專家學者的參與。南華大學鼓勵教師成立各類的教師專業成長社群，其中如「哲學、宗教與生命教育」、「身心靈健康」與「佛教與康寧照護」等教師專業成長社群，皆與生命教育所關懷的面向與議題相關，跨科系的教師在此等專業成長社群中，彼此交流、成長，進而激盪、研發出新的課程方向與內容。

　　又，臺灣教育部爲鼓勵大專校院透過社會科學、人文學及自然科學跨科際課程，以研究導向學習、行動導向學習、實作導向學習及問題解決導向學習爲教學模式，並以在地及全球性重要課題爲課程主題，培養學生跨科際思考溝通及解決問題之能力；相應於此，自2012年8月1日至2015年9月30日南華大學整合了科技、管理、社會、藝術與人文五個不同學院的教師，成立跨科際的教師專業成長社群，提出爲期三年的「生物／環境／資源——綠色生物資源與產

業」課程群組發展計畫，並與本校所推動的生命教育相整合，其具體規劃大致如下（參看南華大學「生物／環境／資源——綠色生物資源與產業」課程群組發展計畫101-104結案報告書）：

　　101學年在課程群組的規劃上，以「生物」、「環境」及「倫理」爲核心概念，透過跨科際的知識激盪，探討全球變遷議題發生之政治、社會、經濟等因素。於102學年起，進一步將執行主軸聚焦於農村社區，探討作爲實踐眞實世界面對問題與解決問題的場域，並指定以「農業文創」與「生態永續」兩軸線，透過課程開設與學生實習的方式，協助南華校園鄰近農村社區——上林社區進行包括：空間環境、產業及人文關懷等面向的發展。

　　103學年課程計畫，則以更貼近在地社區與環境議題，並擴增人文及生命關懷面向之課程，如老少關懷、環境調查、社區書寫等等，一方面能引入更多跨領域師資投入，另一方面能夠眞實地回應弱勢城鄉關係下的農村永續發展課題。故103學年計畫設計的特色在於強調「科學」基礎養成訓練的同時，並且兼顧「人文」的問題解決導向與互動式學習，以提升倫理知覺、完備相關資訊、增進思辨能力、達成倫理成熟度四階段爲學習目標，推動合乎永續性指標的環境發展與生物保育。至104學年則以培育學生三創——創意、創新、創業，並整合前三年課程，引領學生將課程所學協助農村永續發展爲執行重點。

五、成年禮融入通識教育課程

　　「成年禮」是中國古代流傳已久的一種古禮。禮記中記載「冠禮」是一切禮儀的開始，而所謂冠禮，正是成年禮。人類學家稱成年禮爲青春期入會儀式，在很多社會中，只有通過「成年禮」之後的人才會被認定爲成年人，因此，「成年禮」在一個人的生命週期中，是一個相當關鍵的儀式。另一方面，當代大學教育的目標在於培育具有良好溝通表達之素養、獨立思考的能力、廣博精深的視野與批判創造的心靈。年輕學子進入大學的殿堂，尤其應該

瞭解大學的理念及精神，配合上述成年禮儀式所帶來的自我定位，將可作爲未來生涯規劃的基礎能力，並增加大學生在社會中的公民能力與素養。

南華大學遵循古禮並配合時代變遷，自創校即秉持成年禮在大學教育中的新時代意義，邀請專家學者研商進而規劃出大一新生必修2學分的成年禮課程，以期能告知青少年關於成年人所享有之權利、所負擔之義務。相信藉著成年禮儀式的舉辦，增強青年人社會角色的認知與訓練，並調和當前現代化社會與傳統文化失調現象，最終而能陶冶出當代社會公民的基本素養。

本校成年禮課程的內涵規劃爲：(1)大一新生必修2學分，分上下學期各1學分進行。(2)由大一導師擔任課程教師，以期結合生活輔導於成年禮中。(3)上學期的成年禮1學分，內容包括：新生生命體驗營、校園巡禮踏青、成年禮儀式、成年禮生命講座。(4)下學期的成年禮1學分，內容包括校園內外的各項學習活動認證，以期讓學生積極投入大學生活，爲參與現代公民的各項活動準備。

綜觀整體課程設計上，結合生命教育引發學生對人生問題的思考興趣，從而瞭解生命的意義與價值，意識自我生命存在的一切基礎，體認生命的眞實與迫切性及其積極意義，使學生愛惜生命，進一步承擔社會之使命感、對自我行爲負責，均衡身心靈發展，成爲深化人生觀、內化價值觀、整合知情意行的現代公民（孫效智，2001）。

六、推動全校性服務學習制度

服務學習是透過「服務」過程中獲得「學習」的效果，且「服務—學習」並重的一種體驗式教學法，跳出傳統的理論授課，改以個人及小組創意爲出發點的企劃，並透過準備、服務與學習、反省、慶賀四階段，連結學生與實際的生活情境，將人際關係的互動、專業技能的發揮，以及面對問題困難的解決之過程等，藉由以「實務經驗」爲主的課程，達到最高的成效。服務學習的目的不僅

在增進社會集體的道德規範，更是個人追求自我成長的生命歷程。

　　南華大學自98學年度開始全面推動服務學習內涵課程制度，目的在於培養學生熱心服務之精神及關懷環境之意識，並能走出自我，接觸他人，藉此學習「愛人」、「助人」之眞諦，從而成為「喜愛生命」、「尊重生命」、「敬天愛人」的現代社會人。服務學習課程中服務內容包含：(1)生命關懷性質之服務：如探訪和服務養老院、孤兒院、醫院、老人中心、植物人安養中心、臨終關懷中心、家扶中心等等。(2)營隊性質之服務：配合校外服務性社團活動，如愛心園遊會、義賣籌款表演、淨山活動、社區兒童育樂營、生活營、教育營等等。(3)志工性質之服務：參與各機關團體擔任志工，如創世基金會、弘道老人福利基金會、生命線等。

　　透過參與服務學習內涵課程，不僅可以強化大學生專業課程的學習，增加其參與社會和學習的動機，增進學習成效；透過服務學習也可改變師生的關係，增進師生間的互動，進一步更可以透過服務活動，積極落實社區經營，推動社區學習，培養學生走入社會，服務人群，建立正確的「服務」價值觀與「學習」責任感，成為一個對自己、家庭、社會負責任的人。

七、照見生命的光芒：培育珍珠學生計畫

　　本校辦學定位為發揚宗教人文精神，公益的優質教學型大學，期待教師能在第一線視如親生地引導學子並陪伴其成長茁壯。一顆毫不起眼的沙粒，潛在暗無天日的海底蚌殼中，經歷多年的歷練，最終脫胎換骨，成為光彩絢麗的珍珠。學生不是沒有能力，而是個人、家庭與社會環境等各種因素的不周全，讓學生逐漸埋沒在人群中，最後讓這機會從眼前消逝。教育是一項偉大的志業，是生命傳承的大業；教育是一種心與心的傳遞，用心去感動另一顆心，用生命去感動另一個生命。因此，南華大學強調「以生命力帶動生命力」，不但以正念靜坐、經典詮釋，以及品德涵養等生命教育相關課程，確實關懷、引導學生，不放棄任何一位學生；更藉由獎勵

大學教學卓越計畫，真正落實多元適性教育，用愛心與智慧陪伴勇於自我挑戰的學生，推動「珍珠學生培育計畫」，希望用心栽培生命的態度，在大學期間培育學生茁壯的自信心，並將其潛能挖掘出來，創造成功的經驗，進而增進師生間之緊密互動情況，提升學生生命厚度，成就學生自我實現的人生。

這些珍珠培育計畫的學生，有家庭經濟弱勢的學生、抑或是奮發努力於某一特定領域的優秀同學、或是在特殊教育需求裡的身心障礙學生，可以在學費和各項優惠措施，及學校精心設計的「珍珠學生培育計畫」的資源挹注下，都能脫胎換骨，生命開始自覺與成長，不但個個蛻變成為一顆顆晶瑩剔透、光彩奪目的珍珠，同時也成就了師生共同創造自我實現的成功經驗。我們相信受精心琢磨、愛心培育的每一顆珍珠，都將成為南華友善校園中，推行「三好品牌‧生命躍動」最閃亮耀眼的焦點！

八、敦親睦鄰：高中職生命教育宣導計畫

南華大學配合臺灣教育部重視生命教育的政策，藉由講座辦理推動高中職校園之生命教育，以增進青年學子探索與認識生命的意義、尊重與珍惜生命的價值、熱愛並發展獨特的生命，提升學生對於生命的尊重與面臨重大挫折時求助的動力，期許降低高中學生自殺危機事件的發生，讓學生、教師及家長，遠離憂鬱及自我傷害的威脅，更活出生命的美好的特質，尋求生命的意義及價值，並建立年輕學子愛護自己、關懷他人的態度，啟發學子對生命的尊重及熱愛。自西元2009年起以大學敦親睦鄰方式協助雲林、嘉義、臺南地區之高中、高職學校推展生命教育宣導活動，舉辦生命關懷系列講座，演講主題包含自我認識、情緒管理、自殺防治、品德教育、性別平等、愛情與婚姻、親子教育等生命教育相關議題。本校透過具備生命教育專長之大學教師參與鄰里之社會服務，以協助高中職學校大力推動生命教育宣導工作，陪伴對生命充滿疑惑、好奇的年輕學子，一起探究生命、追尋生命的意義與價值。2011年更於全

臺灣各高中職擴大推動，受到全臺高中職學校熱烈響應；計畫開辦至今參與高中職學生人次高達數十萬人次以上，深獲各界好評。

參　結論

　　生命教育可以說是讓人覺醒生命美好的教育，這樣的美好生命並非外求，而是建立於人的覺醒及成長，因此需要帶領學生探究生命中最核心議題並引領學生邁向知行合一的教育。

　　身為受過哲學思辨訓練與道德薰陶的生命教育工作者，深信師生互動的過程中，除了專業知識的傳授外，教師往往要回應的是學生內在隱而不顯的道德情感與純淨的生命力，而非只著重於外在的成績和偏差行為的探究。不論是傳統儒、釋、道所重視的道德倫理與生命實踐，或西方哲學所開展的關懷倫理學的關係思維和道德教育法，及生命教育的議題與教學法，都值得老師交融運用，因為學生的道德情感，需要疏通和回應。而如此的師生情感互通與相互作用中，亦可說是「以生命力帶動生命力」的最佳寫照！

　　推動生命教育需要營造溫馨的校園氛圍，因為校園是提供學生愛、生活與學習的場域，就像家庭成員間的關係，好的家庭氣氛，帶來好的關係，進而影響彼此的生命觀和人際關係；在學生成長的歷程中，需要足夠的愛、肯定與指導，才能奠定其未來面對人生挑戰所需身心靈等各方面的能量。

　　例如本校珍珠培育計畫，珍珠導師用愛心與智慧陪伴勇於自我挑戰的學生，不但琢磨出一顆顆晶瑩剔透的珍珠，同時珍珠師生也共同交織出多采多姿、引人注目的燦爛珠網，彼此相互輝映！

　　本文針對南華大學三好友善校園推動生命教育的現況與模式進行經驗分享，除了彰顯南華大學辦理生命教育的特色，也希冀能提供關心大學生命教育推動之參考，提升大學師生對生命教育的瞭解與關懷，並有助於各界共同努力推動生命教育的目標。

參考文獻

孫效智（2000a）。生命智慧與道德教育。**教育資料集刊**。第25輯，頁65-78。

孫效智（2000b）。生命教育的內涵與哲學基礎。載於林思伶（主編），**生命教育的理論與實務**。1-22。臺北：寰宇。

孫效智（2001）。生命教育的倫理學基礎。**教育資料集刊**。第26輯，頁27-57。

林綺雲主編（2000）。**生死學**。臺北：洪葉。

曾煥棠（2000）。**生死學探索入門**。臺北：華騰。

鍾聖校（2000）。生命教育的另類可能──談情意溝通理論在大學之實踐發現。載於林思伶（主編）。**生命教育的理論與實務**（67-87）。臺北：寰宇。

鈕則誠、趙可式、胡文郁（2001）。**生死學**。臺北：國立空中大學。

吳庶深、曾煥棠（2002）。**先進國家與我國中等學校生命教育之比較研究**。教育部委託專案研究計畫報告。臺北：國立臺北護理學院。

陳立言（2004）。生命教育在臺灣之發展概況。**哲學與文化**。31(9)。21-46。

紀潔芳（2005）。**臺灣地區生命教育教學資源手冊**。教育部委託專案計畫。嘉義縣、彰化市：吳鳳技術學院、國立彰化師範大學。

黃雅文、姜逸群（2005）。**生命教育核心概念、系統架構及發展策略之研究**。教育部委託生命教育研究專案。臺北：國立臺北師範學院。

孫效智（2006）。高中「生命教育」課程綱要的重點與特色。載於何福田（主編）。**生命教育**。221-235。臺北：心理。

張新仁、張淑美、魏慧美、丘愛鈴（2006）。大專校院推動生命教育現況及特色之查研究。**高雄師大學報**，21，1-24。

尤惠貞、姚卿騰（2014）。〈生命教育在大專校院推動模式與成效之探討──以臺灣南華大學為例〉。第三屆海峽兩岸大學生命教育高峰論壇。浙江傳媒學院。

（附記：本文主要依〈生命教育在大專校院推動模式與成效之探討──以臺灣南華大學為例〉一文修訂改寫而成，謹此誌之。）

問題與反思

一、生命教育的緣起與推動之意義？

二、人生的終極關懷探討哪些課題？探討此等課題對於生命存在有何意義
　　或助益？

三、何謂「三好運動」？與生命教育有何關涉？

四、南華大學推動生命教育有哪些具體實踐措施？

您，了沒？

趕緊加入我們的粉絲專頁喲！

教育人文 & 影視新聞傳播～五南書香

等你來挖寶

【五南圖書 教育／傳播網】
https://www.facebook.com/wunan.t8
粉絲專頁提供——

· 書籍出版資訊（包括五南教科書、
　知識用書，書泉生活用書等）

· 不定時小驚喜(如贈書活動或書籍折
　扣等)

· 粉絲可詢問書籍事項（訂購書籍或
　出版寫作均可）、留言分享心情或
　資訊交流

封面圖
不定期
會更換

請此處加入
按讚

五南文化廣場

橫跨各領域的專業性、學術性書籍
在這裡必能滿足您的絕佳選擇！

五南全國展售門市

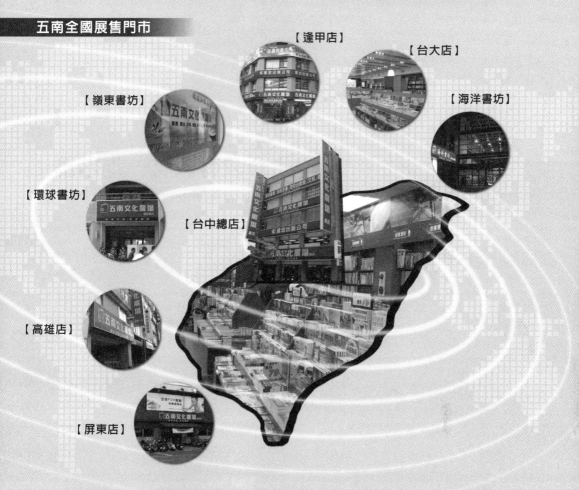

【逢甲店】　【台大店】

【嶺東書坊】　【海洋書坊】

【環球書坊】　【台中總店】

【高雄店】

【屏東店】

海洋書坊：202 基 隆 市 北 寧 路 2號 TEL：02-24636590　FAX：02-24636591
台 大 店：100 台北市羅斯福路四段160號 TEL：02-23683380　FAX：02-23683381
逢 甲 店：407 台中市河南路二段240號 TEL：04-27055800　FAX：04-27055801
台中總店：400 台 中 市 中 山 路 6號 TEL：04-22260330　FAX：04-22258234
嶺東書坊：408 台中市南屯區嶺東南路1號 TEL：04-23853672　FAX：04-23853719
環球書坊：640 雲林縣斗六市嘉東里鎮南路1221號 TEL：05-5348939　FAX：05-5348940
高 雄 店：800 高 雄 市 中 山 一 路 290號 TEL：07-2351960　FAX：07-2351963
屏 東 店：900 屏 東 市 中 山 路 46-2號 TEL：08-7324020　FAX：08-7327357
中信圖書團購部：400 台 中 市 中 山 路 6號 TEL：04-22260339　FAX：04-22258234
政府出版品總經銷：400 台 中 市 軍 福 七 路 600號 TEL：04-24378010　FAX：04-24377010
網 路 書 店　http://www.wunanbooks.com.tw

專業法商理工圖書・各類圖書・考試用書・雜誌・文具・禮品・大陸簡體書
政府出版品總經銷・中信圖書館採購編目・教科書代辦業務

國家圖書館出版品預行編目資料

生命教育教材—進階篇／楊思偉主編. －－初
版. －－臺北市：五南, 2017.03
　面； 公分
ISBN 978-957-11-8801-0（平裝）
1.生命教育　2.文集
528.5907　　　　　　　　　105016016

1IZT

生命教育教材—進階篇

總 策 劃 ― 林聰明

副總策劃 ― 釋慧開

主　　編 ― 楊思偉（317.7）

發 行 人 ― 楊榮川

總 編 輯 ― 王翠華

主　　編 ― 陳念祖

封面設計 ― 陳卿瑋

出 版 者 ― 五南圖書出版股份有限公司

地　　址：106台北市大安區和平東路二段339號4樓

電　　話：(02)2705-5066　傳　真：(02)2706-6100

網　　址：http://www.wunan.com.tw

電子郵件：wunan@wunan.com.tw

劃撥帳號：01068953

戶　　名：五南圖書出版股份有限公司

法律顧問　林勝安律師事務所　林勝安律師

出版日期　2017年 3 月初版一刷

定　　價　新臺幣330元